現代企業社会における個人の自律性

―組織と個人の共利共生に向けて―

片岡信之編著

文眞堂

はしがき

　1990年代から21世紀初頭にかけて、日本企業はかつてない大きな変革の波の中におかれた。国際的視点からも国内的視点からも、また時代の変化という視点からも、急激な体質転換を企業は迫られたのであった。その詳細な言及は本書の内容で触れるとして、その体質転換の一つとして人的資源管理の在り方での急速な変化があった。

　かつて日本企業における人的資源管理は、「日本的経営」の特徴と結びつけて論じられることが多かった。流行語とすらなった「日本的経営の三種の神器」では終身雇用、年功制（年功賃金、年功昇進）、企業内組合があげられるのが常であったし、そのほかにも日本企業の特徴を表すものとして企業内福祉制度、集団主義、経営家族主義、生活共同体、間人主義、強い企業忠誠心（帰属意識）、新卒採用と長期的育成（企業内養成訓練）、仕事の集団的編成（ラフな職務規程、責任・権限の不明確性）、合意による集団的意思決定、稟議制度、………等々、人的資源管理と深く結びつく論点が多かったのである。

　1970年代のオイルショック以後における高度経済成長の終焉、技術革新、産業構造変化、国際化、情報革命等の中で、既に「日本的経営」は限界を指摘されてきていたが、90年代から21世紀初頭にかけての長期的不況の中で、その限界が一層はっきり指摘されるようになってきた。並行して、経済政策的には、構造改革、

規制緩和，市場原理，競争などがキーワードとなり，自己責任が企業にも個人にも強く要求される時代へと移り変わっていった。このような状況下で，企業における労働者処遇においても，従来の年功主義や職能制度にかえて個々人の自己責任をヨリ強く求める成果主義・業績主義の動きが大きな流れとなってきたのである。

この動向が企業の国内外での競争優位性確保のための方法として出てきたことは言うまでもないが，しかし他面では，自己責任の強調は個々人の自律性（自己裁量権の拡大）を企業が認めることを前提とせざるを得ない，ということを意味する。かくして個人の自律性（あるいは自立性）というフレーズが，経営者サイドからもしばしば聞かれるようになってきたのである。

自立性と自律性とは，語源的に見れば，少し意味が異なる。自立は dependence（依存，従属）に対する用語として independence（独立，自活）ないし self-help（自助）を意味し，他の援助や支配から離れて独り立ちすることを意味する。これに対して自律は heteronomy（他律）に対する用語として autonomy（自治）を意味し，外部の支配から離れて自らの規範で意思決定して行動することを意味する。ただし，現実にはこの両者はかなりの場合に重なっているし，論者間でも意識的に区別して使い分けるケースは少ない。本書でも自律，自立の両方の用語法が出てくるが，さほど厳密に区別して使っていないことをお断りしておく。

自立性にせよ自律性にせよ，直接的には現段階での企業利益追求との関連で出てきたものではあるが，しかし，それはまた，大きな歴史的潮流を反映したものであるし，とらえ方や利用の方法によっては労働者・従業員にとっても積極的な意義や展望を切り

はしがき　iii

開く可能性もないわけではない、と考えられる。

　本書では、この両面性を有する「企業における個人の自律性・自立性」がもつ意味を、経営学研究者たちによって、それぞれの研究領域の視点から掘り下げてみようとしたものである。その意味では、本書は実務的ノウハウものを目指すものではないが、巷間行われている実務の底流にあるものを見極める意図を持っている。

　本書は、目次に見られるように、3部構成を取っている。第Ⅰ部では、自律性の背景を大きな歴史潮流的パースペクティブの中で（片岡信之）、情報社会化の中で（阿辻茂夫）、市民社会変化の中で（重本直利）探り、その意味を考察している。第Ⅱ部は自律性の議論を企業組織・管理の理論的変遷の中で（前田東岐）、人材マネジメントとの関連で（伊藤健市）、裁量労働制との関連で（森田雅也）、成果主義がもたらしている企業共同体の変容（守屋貴司）や日本的経営の再出発（島田恒）、NPO活動（藤原隆信）との関連で、さらにまた若者の意識における受け止めかたの実態において（玉井信吾）、それぞれ解明するものである。そして第Ⅲ部では、個人の自律性がもたらす積極的意義の側面をとらえて「新しい日本型モデルの可能性」を展望している（太田肇）。

　この問題に関心を寄せる学生、サラリーマン、研究者等、多くの方々に、本書が何らかの深く考える素材を提供出来たとすれば、執筆者一同の喜びとしてこれ以上のものはない。

　ささやかな本書ではあるが、われわれの共通の友人であり人的資源管理論の先達でもある渡辺峻教授（日本労務学会代表理事）のご還暦に本書を捧げることを許されたい。

　最後になったが、厳しい出版事情の中で本書の刊行をお引き受け下さった株式会社文眞堂社長・前野眞太郎氏をはじめ同社各位

に，深甚なる謝意を表する。

　2004年3月26日

　　　　　　　　　　　　　執筆者を代表して　　片 岡 信 之

目　次

はしがき

I. 現代企業と個人の自律性―社会的背景 ………… 1

第1章　社会構造の変化と個人の自律性
　　　　　―社会的背景― ……………………………… 3

　1．環境変化と企業経営の枠組み転換 …………………… 3
　　(1)　政治・経済・社会の枠組みの国際的構造変化 …… 3
　　(2)　国内環境変化で変身を迫られる日本企業 ………… 6
　2．環境変化のもとでの日本企業人事戦略の枠組み変
　　　化 ……………………………………………………… 7
　　(1)　従来の人事管理―長期ストック型・画一的雇用
　　　　管理 ………………………………………………… 7
　　(2)　新しい人事戦略の登場 …………………………… 10
　3．企業組織と個人の関係の問い直し―個人の自律性 … 13
　　(1)　個人の自律性重視―経営学の論壇における変化 … 13
　　(2)　個人の自律性重視―企業の対応 ………………… 15
　4．残された課題 ………………………………………… 21

第2章　情報社会における個人の自律性 …………… 26

　1．IT革命による自律再考 ……………………………… 26

2．現代社会のネットワーク化―eコミュニティ……… 27
  (1) 顔の見えないバーチャル・コミュニティ………… 27
  (2) ネット社会のバルネラビリティ………………… 29
  (3) ソシオネットワークと組織変革（ゲマインか
      ゲゼルか？）………………………………………… 30
  3．組織システムのデザイン―複合労働の解剖と人間
    観 ……………………………………………………………… 32
  (1) 社会情報化と組織システム化…………………… 32
  (2) 労働の解剖学と人間仮説………………………… 33
  (3) 組織的労働における個人学習…………………… 35
  4．個人自律と他律の相補性―視野狭窄ITハザード… 37
  (1) 社会から組織, そして個人へ…………………… 37
  (2) 個人学習の基底―自律的「人の知」…………… 39
  (3) ITハザード―自律と他律の相補性……………… 41
  5．脱ITハザード―超自他'無律' ………………………… 43

第3章　市民社会の変貌と個人の自律性 …………… 46

  1．管理形態の今日的変化 ………………………………… 47
  (1) リアリティーの変容……………………………… 47
  (2) 管理性と自律性の共生…………………………… 48
  2．管理概念における自律性……………………………… 51
  (1) 意識と精神における管理………………………… 51
  (2) 管理における自発性……………………………… 52
  3．管理と自律の共生における人間関係の変容 ……… 54
  (1) 具体的・集団主義的人間関係の変容…………… 54
  (2) 人間関係の形式化・数値化……………………… 57

4．「情報的理性」と情報システム …………………… 59
(1)　「孤独」な主体の自律性 ………………………… 59
(2)　「自律性を与える」管理 ………………………… 61
5．21世紀市民社会における個人の自律性 …………… 63

Ⅱ．現代企業と個人の自律性—理論と現実 ………… 67

第4章　個人の自立性と組織・管理スタイル ……… 69

1．組織と個人のかかわり方の変化 …………………… 69
2．経営の変化と個人の変化 …………………………… 70
(1)　経営の変化 ………………………………………… 70
(2)　個人の変化 ………………………………………… 71
3．自立人のための「変革型」組織と管理 …………… 72
(1)　自立人モデル ……………………………………… 72
(2)　「変革型」の組織・経営 ………………………… 73
4．自立人の種類—組織と個人と自立— ……………… 74
(1)　組織内での自立と組織外での自立 ……………… 74
(2)　自立のタイプについて …………………………… 77
5．個人の自立化のために ……………………………… 79
6．自立人の経営学をめざして ………………………… 81

第5章　人材マネジメントと"自立した個人" …… 84

1．"自立した個人"とは ……………………………… 84
(1)　"孤立した個人"から"自立した個人"へ ……… 84
(2)　"自立した個人"と企業 ………………………… 86
2．ソニーの人事制度改革 ……………………………… 87

3. "自立した個人"を支えるもの …………………… 94
　(1) 変化する企業 ………………………………… 94
　(2) 変化する仕事 ………………………………… 96
　(3) "自立した個人"を支えるもの ……………… 97

第6章　裁量労働と個人の自律性 …………………102

1. 裁量労働制と組織の他律性 ……………………………102
　(1) 裁量労働制の現状 ……………………………102
　(2) 他律と自律のバランス ………………………103
　(3) 仕事における自律性 …………………………104
2. 仕事の実態 ………………………………………………107
　(1) A社の事例：裁量労働制の廃止 ……………107
　(2) B社の事例：フレックスタイム制の廃止 …109
　(3) ホワイトカラーの働き方 ……………………111
3. 裁量労働制と新しい働き方 ……………………………113
　(1) 仕事の実態からのインプリケーション ……113
　(2) 新しい働き方の可能性 ………………………116
　(3) 裁量労働制の今後 ……………………………118

第7章　成果主義の導入と個人の自律性 ……………123
　　　　―企業内「共同体」変容との関連から―

1. 成果主義導入による企業内「共同体」の変容 ………123
2. 競争関係と企業内「共同体」形成・維持の並存 ……124
　(1) 終身雇用・年功序列と企業内「共同体」 …124
　(2) 企業内「共同体」の維持とコミュニケーション …125
3. 1970年代以降の経済的諸環境の変化と企業内「共

同体」の変容……………………………………127
4．成果主義導入による企業内「共同体」の変容とその背景………………………………………………131
5．成果主義導入による企業内「共同体」の変容の諸類型…………………………………………………134
 (1) 企業内「共同体」の変容の成果主義導入の類型化………………………………………………134
 (2) 成果主義導入の諸類型と企業内「共同体」変容の関連性……………………………………136
 (3) 成果主義導入による従業員階層化にともなう企業内「共同体」の変容………………………137
 (4) 成果主義導入における従業員の性差にともなう企業内「共同体」の変容……………………138
6．成果主義導入による企業内「共同体」の変容と個人の自律性拡大………………………………………139

第8章　NPOと個人の自立性 ……………143
　　―企業経営学から市民経営学へ―

1．日本企業社会の変容と個人の自立性……………143
 (1) 企業中心社会と個人の自律性………………143
 (2) 日本的な雇用慣行と個人の属する「場」……145
2．企業経営・雇用管理の変化と自立した個人……147
 (1) 渡辺峻氏による「企業活動を分析する際の三側面」…147
 (2) 渡辺峻氏による4Lの充実と自立した個人………150
 (3) 「個の連帯」がもたらす「自立した個人」　………151
3．「自立した個人」を生み出す「場」としてのNPO…153

- (1) 個人の帰属する「場」としてのNPO
  ―新たなコミュニティ― …………………153
- (2) NPOの定義に見る「自発性」と「市民的自覚」…156
- (3) 「個の連帯」の場としてのNPO
  ―「職縁社会」から「好縁社会」へ― …………159
4．「自立した個人」と市民経営学 …………………163
- (1) 個人を変革する機関としてのNPO …………163
- (2) 企業経営学から市民経営学へ…………………164

第9章 日本的経営の再出発と個人の自立性 ………167

1．日本的経営とは何か―その本質と現実…………167
- (1) 日本的経営の本質と成果………………………168
- (2) 日本的経営の変質………………………………170

2．個人の自立性とは何か―その本質と現実………172
- (1) ファンクショナルな側面における自立性と課題…173
- (2) メンタルな側面における自立性と課題………174

3．個人を自立させるための日本的経営の再出発…179
- (1) ファンクショナルな側面に対する行動プログラム …179
- (2) メンタルな側面に対する行動プログラム……181
- (3) 新しい経営モデルへの展望……………………182

第10章 現代日本の大学生に見る職業観 …………184
―企業と個人の関係認識―

1．若年層非正規雇用をめぐる概観…………………184
2．出身階層・交友関係に関する説明………………186
3．早期職業経験と法制度に関する説明……………190

4．中高年期以降の生活に関する説明……………………192
5．大学生にみる事例：非正規雇用をめぐる職業意識…195

III. 現代企業と個人の自律性―展望 ……………199

第11章　囲い込み症候群からの解放 ……………201

1．日本的経営と囲い込み……………………………………201
　(1)　日本的経営と個人の自律性……………………………201
　(2)　組織人を育てる仕組み…………………………………201
　(3)　組織人の行動原理………………………………………204
2．「能力主義」「成果主義」と労働者………………………205
　(1)　閉ざされた能力主義・成果主義………………………205
　(2)　二重の圧力………………………………………………206
3．労働者像の変化……………………………………………206
　(1)　欲求の高次化……………………………………………206
　(2)　マイペース型個人主義の広がり………………………207
　(3)　組織人から仕事人へ……………………………………209
　(4)　女性の職場進出…………………………………………210
4．囲い込みの限界……………………………………………211
　(1)　仕事と経営環境の変化…………………………………211
　(2)　重くなる企業の負担……………………………………212
5．集団の自律から個人の自律へ……………………………213
　(1)　自律性のトレード・オフ………………………………213
　(2)　「個人の自律」の条件…………………………………214
6．変わる組織の役割…………………………………………215
　(1)　有機的組織の二面性……………………………………215

(2) インフラとしての組織……………………………………216
　7．新しい日本型モデルの可能性……………………………217

I
現代企業と個人の自律性―社会的背景

第1章

社会構造の変化と個人の自律性
―社会的背景―

> **キーワード**：長期ストック型・画一的雇用管理，規制緩和，人材流動化，雇用の多様化，成果主義，キャリア開発，個人の自律性，自己責任，企業と個人の新たな関係，柔構造的管理システム

1. 環境変化と企業経営の枠組み転換

(1) 政治・経済・社会の枠組みの国際的構造変化

20世紀末から21世紀にかけて今日まで，世界は激動の中にある。政治，経済，社会，文化が，マクロ（国家レベル）からミクロ（企業・家庭などのレベル）に至るいろいろな面で大きく変わり，新しい時代が進行している。企業経営の世界でも，当然その動向に対応して，従来とは異なった枠組みに基づいて実践が展開され始めている。本書で取り上げる企業と個人の関係のあり方にも，当然その変化は及んでくることになった。

20世紀末以後の国際社会の枠組みの構造的変化としてあげられるのは，① 旧ソ連・東欧社会主義圏の崩壊に伴う東西両体制対立枠組みの解消（東西両ブロック経済の閉鎖的対立から単一世界

市場経済への統合),②旧ソ連・東欧圏の低迷,ロシアの指導力の低下等に伴うアメリカの知的・道徳的・軍事的・経済的側面での影響力の拡大,③社会主義諸国の変貌(市場経済化,対外開放化),④経済活動のグローバル・エコノミー化,ボーダーレス・エコノミー化の著しい進展,メガ・コンペティション時代の到来,⑤アジアNIES(新興工業経済地域。韓国・台湾・香港・シンガポール),DAE(ダイナミック・アジア経済地域。韓国・台湾・香港・シンガポール・タイ・マレーシア),ASEAN(東南アジア諸国連合。タイ,インドネシア,マレーシア,フィリピン,シンガポール・ブルネイ),AFTA(アセアン自由貿易圏),中国等,アジア全体の経済的成長の進行,⑥アメリカ的規制緩和政策[1](新自由主義的政策枠組み)の各国への波及,グローバル・スタンダードと呼ばれるアメリカ的企業モデル,金融システム,弱肉強食の市場原理主義,リストラ推進の風靡,⑦政治体制を超えて共通する根本的時代諸潮流の出現(科学技術革命,産業構造変化,ITの発展と情報社会化,知識社会化,ハード経済からソフト経済への移行,生活水準の向上と豊かな社会,少子高齢化,市場細分化・個性化,非マス化〈大量生産から多品種少量生産・高度注文生産へ,マスメディアの多極化〉,組織における分権化・ネットワーク化・フラット化・柔構造化,民主主義化,自立的市民活動の活発化,非営利組織の台頭………等々)。さらに,⑧国連が中心となって作成した人権関係諸条約,国連のグローバル・コンパクト(1999年)による人権・労働基準の保護,「労働における基本的原則及び権利に関するILO宣言」(1998年)など,国際的な人権・労働基準の保護の動きによる人間重視の強調,等である。

以上に述べた趨勢は，前進と後退のジグザグを含むとはいえ，権威主義的帝国（ナチズム，天皇制，スターリン主義）や自由民主主義帝国（アメリカ頂点の軍事的一極化，イデオロギー的一元化，争点の一元化）といった「絶対化の時代」（坂本義和）から，国家の相対化（規制緩和・撤廃による経済の自立化・市場化，市民社会の国家からの自立，人権尊重，政治の民主化，分権型社会指向，国家への忠誠の空洞化），イデオロギーの相対化，争点の相対化という「相対化の時代」（坂本義和）へ向かってきたという，20世紀の歴史的発展過程・時代潮流の過程の延長線上にあるものと理解できる[2]。

　このような社会・経済環境の構造変化は，① 国家計画的・集権的画一性の失敗，多元主義・民主主義・分権化・市場といった要素の重要性，② 人間の自由，自主，尊厳の重要性，③ 規制緩和と市場競争メカニズムへの対応，④ 国内市場から国際市場へと拡大された競争条件の下でのヨリ厳しいメガコンペティションへの対応，特に追い上げ急な新興勢力への対応，⑤ 新しい時代諸潮流への対応等を，企業の場で働いている人々に強く意識させたのである。そしてこの環境変化が企業に人事管理面で求めたのが，① 格段に厳しくなった国際的競争場裡での勝ち残りに向けての人材活用と能力開発，② 規制緩和，市場主義のもとでの個人の自己責任意識，強い競争力と自発的勤労意欲の高揚，③ 大きくかつ急激な環境変化への迅速な対応能力の育成，④ IT・情報・高度技術・知識社会に必要な新しいタイプの自己責任・自己学習型の人材育成，⑤ 自由・自主・民主主義・自治・分権化・多元主義の時代精神に沿った新しい動機づけ管理，等なのであった。

(2) 国内環境変化で変身を迫られる日本企業

 以上のような国際的変化に影響されつつ，日本国内でも，戦後日本社会の成功を支えた枠組みの崩壊と新たな枠組みの不在が，痛切に感じられるようになってきた。

 1950～60年代の高度経済成長期，1970～80年代の中成長期を経て今日の低成長期（成熟経済社会）へと移行する間に，社会の構造は大きく変化を遂げた。それらは ① かつての貧しい時代から物質的には豊かな社会への到達，② 労働時間の短縮と自由時間の増大，③ 個人生活重視と企業忠誠心の希薄化，④ 価値の多元化，新たな統合倫理の不在，⑤ 高学歴社会化と教育の崩壊（低学力化）の同時進行，⑥ 少子・高齢社会化，⑦ 高福祉社会構築の必要性と財政赤字の同時存在，⑧ 女性の社会進出，⑨ 都市過密問題と農村過疎問題の同時的進行，⑩ 地球環境問題の深刻化，⑪ 急速な技術革新による産業構造の激変，ソフト化・知識集約化へのシフト，⑫ 情報化の進展による新たな産業革命，⑬ グローバル経済化のインパクト，多国籍企業化………等である。これらは，戦後日本の経済・企業が前提としてきた諸条件が根本から変質したということを意味している。

 「40年体制」「55年体制」と言われたかつての高度成長期の政治・経済諸制度は，もはやうまく機能し得ないだけでなく，しばしば足枷とすら感じられるようになった。貧しい時代には明確だった国家目標（経済再建や経済成長）の存在感は薄れ，全国民が一致できる国家目標を見つけることは難しくなった。経済再建・成長・輸出立国のための近代的大企業育成優先政策は，成長第一主義や大企業優先への批判が高まるなかで見直されるようになる。政・官・業の三位一体体制が有効に機能した規制的経済運

営時代から，規制緩和・競争原理導入の時代へと時代は移った。かつての高度経済成長期には効率的に機能した「日本的経営システム」は，低成長時代の到来とも相まって，技能養成・評価制度・迅速な変化対応・労働力年齢構成・動機づけ等のいずれにおいても時代と適合しえなくなり，むしろ足枷状態にすら転化した。日本的経営の転機，修正ないし崩壊が言われるようになった。かつての会社第一主義，会社絶対化から相対化，会社離れに変化しつつある。企業は従業員個々人との関係を，新たに構築し直す必要性に迫られてきたのである。また，グローバル・エコノミー化の進展とともに，国内視点中心の経済政策や企業経営の克服が必要となり，国際化に対応した戦略的転換が急務となった。メガコンペティション時代に向けた日本企業の国際競争力強化に目配りすることが至上命題となり，国内基準の相対化，すなわちグローバル・スタンダードを意識した諸制度の整備が急速に進められている。以上は，従来基準「相対化」の国内版と言うことができるであろう。

こうした環境変化は，日本企業の人事戦略にどのような変革をもたらすことになったのであろうか。

2．環境変化のもとでの日本企業人事戦略の枠組み変化

(1) 従来の人事管理―長期ストック型・画一的雇用管理

欧米諸国に追いつき，追い越せといったキャッチアップが主要課題だったかつての環境条件下では，政府の産業育成政策のもとで年々急成長する企業が，田舎から都会に出てくる若い新卒者（中学・高校）や都会の大学を卒業した学卒者を毎年大量に雇い，

大量生産・大量販売の体制を拡大していた。必要な若年労働力は豊富であり，企業は彼／彼女たちを純白の状態で雇い，子飼いの企業内教育訓練で会社好みの色に染めていったのである。後に若年労働力不足の様相が出てきたときも，安泰な就職先への志望者は依然として多く，大企業にとっては大きな変化はなかった。定年まで高い収入と安定した生活を保証してくれる企業選びは，人々にとって最大の関心事であった。正社員の中途採用を原則としない雇用慣行の中で，安泰な就職先を手に入れる機会は新卒時しかない。入社後も学歴が重要な意味を持つ。したがって，「良い」会社←「良い」大学←「良い」高校←………←「良い」幼稚園←「良い」胎内教育と，延々とした教育連鎖の過剰な受験戦争が乳幼児期から展開された。いったん手にした「良い」会社を従業員がやめることは例外的であった。会社も，採用した従業員が定年まで勤務することを，当然のように受け止めていた。昇進・昇格や昇給は各人の学歴・勤続年数・年齢によって決まる身分的・属人的基準で行われ，職務や業績が基準ではなかった（しばしば女性は，女性であることの故に，別扱いされた）。従業員は社内の定期異動であれこれの異なった職場と職務を経験し，社内の仕事を覚え，社内の人間関係を作っていった。その過程で育つ従業員は「(特定の) 職務のプロ」と言うよりも，社内の仕事・諸事情を隅々まで知っている「当該会社のプロ」と言うにふさわしかった。それは有能なゼネラリストを養成する非専門的昇進コースを下敷きとしていた。こうして年数をかけて社内諸事情を熟知した頃に，年功的に管理職として昇進した。昇進・昇級の道は基本的に唯一，管理職のコースを歩むことのみであった。またそこでは，随時必要となる労働力を外部労働市場から採用するのでは

なく，基本的には企業内部から配置転換でまかなうという内部労働市場調達の方法がとられた。新規採用者は学校を卒業したばかりのものに限られ，中途採用は避けられた[3]。採用時には特定の専門能力を重視せず「人物」「将来性」という漠然とした尺度が基準になった。そのことは，入社後の配置転換の際にどの仕事でも意欲を持ってそれなりにこなせる一般能力の持ち主を求めていたということを意味する。このような非専門的昇進コースのもとでは，個々の職位の職務権限は曖昧となり，そのことは，部や課中心の職務分掌を導き，業務の集団的遂行，稟議，集団的意志決定，大部屋方式の仕事スタイル，公式・非公式の部門間調整等，集団主義と言われる特徴を生むこととなった。

会社は法定の福利厚生以外に，各種の法定外企業福利厚生によって，従業員の個別家庭事情まで考慮に入れながら手厚く対応した（住宅，寮，医療，教養・娯楽，親睦会，給食，購買部，被服，託児，育英，慶弔，遺族年金，通勤手当，社内預金，永年勤続表彰，持株制等々）。これは，流動性のない従業員間の濃密な人間関係と相まって，一種の擬制的生活共同体のような雰囲気を醸し出す要因となった（このような現象をイエ＝家になぞらえる人も多かった）。企業と従業員との関係が終身雇用，年功制（年功賃金，年功昇進）[4]，企業内組合，企業内教育訓練，企業内福利厚生といった日本的雇用慣行は，この時代には適合的であったといえるだろう。

こうして一律的・一系統的・閉鎖的な人事管理のもとで，従業員は同質的に管理されたのである。それは「集団主義的な長期ストック型の画一的雇用管理システム」（[3] 38ページ）とか「囲い込み症候群」[5]とか呼ばれる，正社員・終身雇用を前提とした

クローズドなシステムであった。

1970年代の石油危機と低成長時代の到来,技術革新の加速のなかで,若年労働力不足と初任給高騰,従業員の高齢化による平均賃金コストの上昇,人件費の固定費的性格がもたらすコスト負担感,管理職ポスト不足など,年功制の欠陥が露わとなり,それを職能資格制度[6]という「能力主義」に修正する動きが出てきたのである。しかし,それは「能力」とはいいながら,事実上勤続年数の積み重ねで「格」を決める仕組みとして機能し,基本的には従来の枠組みを大きく出るものにはならなかった。

こうした状況の下で,長期不況の続く90年代半ば以降頃から,「能力」で昇給・昇格・昇進[7]させるよりも直截に成果や業績を重視すべきだとして,人事管理が新たな形に再編成されてきたのである。

(2) 新しい人事戦略の登場

この新しい人事政策導入の方向性は,近年の財界や官庁関係の諸議論にみられる。たとえば,経済同友会の第14回企業白書『"個"の競争力向上による日本企業の再生——経営者の能力が問われる時代——』(1999年2月)に示されている。そこでは「グローバルな市場経済のなかで日本企業が勝ち抜いていくためには,市場競争に強い"個"を作り出さねばならない」とうたわれ,グローバリゼーション時代に「競争力を高めるための2つの経営改革」として,① 資本効率を重視した戦略的経営への転換とともに,② 経営者とホワイトカラーの活性化があげられている。そして経営戦略とリンクした人事戦略,個々人の競争力を高めて能力・活力を引き出すための成果主義の導入,グローバル競争に

向けた早急な人事制度改革,が提案されている。具体的には,

Ⅰ.「競争力向上のための「企業と個人の新たな関係」」として,① 個別契約化による"ビジネス・パートナーシップ"と新たな信頼関係の構築,② ホワイトカラーの新しい働き方と魅力ある企業づくり,③《仕事・能力・成果を軸とする個別契約化＝個別性》,《社内公募制など社内転職や外部労働市場の活用による適時適所適材の実現,個人の市場価値と価格（報酬）の一致＝市場性》,《納得性・客観性・透明性の高い評価の仕組み＝透明性》,《個々人の戦略的な能力開発の「場」や「機会」の提供,支援＝投資性》,《自己責任・自己選択による能力開発・キャリア形成の仕組み＝自律性》を基本概念とする新人事制度,

Ⅱ.「"個"の生産性向上のための5つの方向性」として,①「雇用形態」の多様化と個別契約化,②「人材調達・配置」の市場化による適時適所適材の実現,③「仕事配分」の契約化,④「評価」の成果主義化と納得性・透明性あるシステム,⑤「報酬」の成果主義化,

Ⅲ.「能力開発："個"の競争力強化のための2つの方向性」として,①「キャリア管理」の多元化・自律化,②「能力開発」の重点化・自律化[8]],

をあげている。

　また,労働省（現厚生労働省）の調査報告（2000年）によれば[9],人事の基本方針として,「能力主義・業績主義の徹底」や「人材育成・教育訓練の強化」を今後重視するとしている企業がそれぞれ97％,88％であり,他方で「終身雇用慣行の維持」については消極的である（10％）。教育訓練方針では,選抜教育重視

が23％から66％に増加，一斉底上げ教育重視は75％から32％に減少というように，選抜教育を重視する方向に急傾斜している。注目されるのは能力開発の責任が企業責任から個人の自己責任へと移されてきている傾向である（能力開発を「社員個人の責任」とする企業が15％から55％に急増加し，「企業の責任」は43％まで低下）。かつてのような《丸抱えの一律的企業内教育訓練による養成》という方針は，いまや転換されつつあると言ってよい。また，給与・賞与・一時金については経営業績の反映度をヨリ高め，人件費については総額人件費管理をすすめ，要員管理は積み上げ型からトップダウン型へという傾向が現れている。戦略的な人的資源管理の高まりと言うことができる。

こうした流れを受けて厚生労働省は，キャリア形成とその支援の必要性についての調査を行っている（『キャリア・コンサルティング技法等に関する調査研究報告書』2001年）。そこでは高齢化による職業生活の長期化，IT等技術革新の進展による仕事の変貌，経営戦略に沿う専門的能力の必要性，就業形態の多様化，労働力移動の増加等をあげて，生涯を通じた主体的なキャリア形成やエンプロイアビリティ（企業内外で通用する職業能力）の重要性を指摘している。そして今後の見通しとして，①選択幅の拡大（仕事の種類，職場，勤務形態，勤務場所，処遇など），②雇用管理の個別化，多様化（年齢，学歴，採用年次別などによる一括管理から，1人ひとりの個性化，多様化に応じた個別管理へ），③自己啓発の支援（勤務時間の配慮，学費等の助成，教育訓練休暇，生涯設計プログラムの実施など）をあげ，キャリア・コンサルティングの重要性に注目している。

以上のように，今日ではすでに新しい人事管理のあり方はかな

り浸透してきつつある。ここに透けて見えるのは，① 従業員の個別性・自律性・自己責任等の強調をベースにして，② 従業員の自己責任で能力開発（自己啓発）をさせてエンプロイアビリティを高め，③ 評価基準を明示した上で業績（成果）主義の競争に駆り立て，④ 労働力の市場化・流動化・雇用形態の多様化を推進し，⑤ 経営戦略との関連で必要な人材を企業内外から適宜流動的に配置できるようにする（逆に，不要な人はエンプロイアビリティを買ってくれる他企業に，自己責任で移動して貰う），という方向性である。

3．企業組織と個人の関係の問い直し―個人の自律性

(1) 個人の自律性重視―経営学の論壇における変化

　一方，様々な分野の論壇においては，「自律」ないし「自立」[10]をタイトルに含む論文の数が，90年代から急に増え始めていた。今その論文本数を拾ってみると，1985年202，1987年240，1990年298，1992年354，1993年454，1994年418，1995年432，1996年463，1997年572，1998年741，1999年881，2000年1151，2001年1111，2002年1068，2003年1060となっている[11]。これらの中には経営学とは異なる分野（教育，マクロ経済，女性問題，政治，心理学，介護福祉，医学，農業，情報科学，途上国，家族等々）のものが多く，企業経営分野での「自律」「自立」問題を取り上げた論文は，90年代半ば頃まではむしろ少ないと言ってよい。しかも，内容的には自律的作業集団，自律分散型組織，目標管理といった従来からの分権化議論の延長線上の問題をとりあげたものが多かった。ところが90年代末頃から，1998年13，2001年98，2003年77と，

特に2000年代になって数が急激にふえてきたのみならず，内容的にも，自立型人材，「分権 vs. 集権」から「自律 vs. 協働」へ，自律型マネジメント，自律型変革組織，エンプロイアビリティ，自律・自己責任のキャリア開発，自律の組織文化，IT 化・ネットワーク組織化と自律的個人，個人と組織の「直接統合」と「間接統合」というような，従来とは異なった論点が増えてきている。そして，個人の自律性を従来よりももっと重視するならば，あらためて企業組織と個人の関係の問い直しが必要となる。

90年代半ば頃からのこうした問い直し開始の動きを象徴的に3点のみあげれば，次の通りである。① 組織学会機関誌『組織科学』による「『組織と個人』の現代的位相」の特集（1993年7月），② 経済同友会「個人と企業の自律と調和―日本型雇用慣行の中長期的展望―」（『労働法学研究会報』総合労働研究所，1995年12月），③ 個人の自律を視点に据えたいくつかの単著の刊行（島田恒『日本的経営の再出発―顔のある個人と組織（新版）』同友館，1991年；太田肇『プロフェッショナルと組織―組織と個人の「間接的統合」』同文舘，1993年；太田肇『日本企業と個人』白桃書房，1994；太田肇『個人尊重の組織論―企業と人の新しい関係』中央公論社，1996年；高橋俊介『「自律・変革・創造」のマネジメント―戦略型人事変革への21ヵ条』ダイヤモンド社，1996年）である。太田の議論は，組織人から仕事人へという脈絡の中で，個人と組織の「直接統合」から「間接統合」への組織論の転換を説く点で，従来の分権化・経営参加・自己実現等による統合といった次元を超えた議論を提供している[12]（アージリス，マグレガー，リカート，ハーズーバーグらの人的資源管理論やバーナード理論は，依然として「直接統合」にすぎないとして，

太田によって批判的にコメントされている)。

　こうしてみると，90年代から様々な学問や現場の世界で個人の「自律」「自立」の議論が盛んになり，その全般的潮流の中で経営学でも90年代末以後に「自律」が盛んに論じられるようになったとみることができる。渡辺峻は「会社人間モデルの終焉」と「新しい人間モデルの創成」として経営学での動向を総括しているが（[3] 21ページ以下および131ページ以下），そこでは自律性の内容が，① 自己の意欲と能力を生かす自立性，② わが社主義から解放された自立性，③ 企業別組合主義から解放された政治的な自立性，④ 自立した個人の4つとしてとらえられている。そしてそれに対応して，各個人に求められる「4つの能力」として，① 自己の職業人生を設計するキャリアプラニング能力，② エンプロイアビリティとしての専門的職業能力，③ 自分の仕事と生活の自己管理能力，④ 労働生活の諸権利を守る政治的能力をあげている。これまでの人事管理論・人的資源管理論・組織論では，推奨する誘因は賃金から自己実現に至るまでいろいろ異なるにせよ，組織側からの誘因提供で個人を組織に惹きつけて一体化させるという狙いでは共通であった。しかし，そもそもそのような方向からだけの組織への一体化・統合だけが個人と組織の唯一の関係のあり方であるのか，それを果たして自律性・自立性・個の尊重と言えるのか―太田や渡辺はこう問いかけているように思われる。

(2) 個人の自律性重視―企業の対応

　個人の自律性重視，個人尊重という考え方の変化は，大なり小なり，「多様な意欲や能力の人材を，多様な形態で募集・採用し，

個人の自主性・自立性，意思と選択，自由と自己責任を媒介にして個人別にきめ細かく処遇する個人主義的な管理システム」（[3] 38-39ページ）への再編成を企業に迫ってくる。かつての外的強制に依拠した剛構造的管理システムから内面的誘導と自発性に依拠する柔構造的管理システムへの移行と言ってよい。それは具体的にはどのような形に現実化されてきているであろうか。

　第一は，採用方法や雇用受け皿の多様化である。正社員に対する従来の規格的・一律的採用や処遇の革新として，① 新卒定期採用だけにこだわらず，必要な人材を随時戦略的に採用することや，② 従業員の希望や適性・能力に対応して，仕事，職場，勤務形態，勤務場所，処遇，家庭事情などで，従業員の選択幅を拡げた雇用システムが作られてきている。職種限定正社員（コース別採用，専門職），勤務地限定正社員，短時間勤務正社員，転勤一時免除制度，早期退職優遇制度，再雇用制度など，自由選択を基本として社員を支援する制度がそれである。50歳以上の社員に週2日休んで副業をする権利を認める企業もある（富士ゼロックス）。お試し雇用ないし若年者トライアル雇用（正社員採用の前に派遣やアルバイトで働き，ミスマッチを解消する）や紹介予定派遣（一定期間派遣で働いた後，受け入れ側と働く側で合意すれば，正社員に採用される）というのもある。入社後3年以内に会社をやめた若者は高卒50.3％，大卒36.5％（厚生労働省調査）という現実への対応である。また非正社員の増加にともない，その能力発揮のための人事制度として正社員への転換制度，非正社員間の転換制度，自己啓発支援，研修制度をうたって募集する企業も増えてきている。アルバイトにも資格制度や独立支援制度を適用するところも出てきている（日本マクドナルド，サンクス）。

第二は，入社後のキャリア選択にあたって，本人の意向を重視したり，選択肢を多様化したりする動きである。具体的には昇進経路での管理職昇進単線経路型から多経路型への移行，異動・配置にあたって自己申告制，ジョブリクエスト制，社内人材公募制，社内FA制，チャレンジポスト制（ジョブチャレンジ制度）などの採用がある。また，若手社員を中心に経営に関する提言を行っていく「ジュニアボード制」(青年重役会)，組織のフラット化（課制やマネジャー制の廃止），「プロジェクトチーム制」，「社内ベンチャー制」などで仕事を展開し，キャリア形成の機会を拡大しようというのである。リクルートのように，特定分野に高い能力・スキルを持った人材がいったん退職のうえ業務委託契約を結べる「リクルートフェロー制度」や「IO（イオ）制度」，社員の独立や転職をバックアップ（支援金，退職金加算）する「OPT（オプト）制度」や「フレックス選択定年制」といった新しいキャリア支援制度も持つところもある。かつての《会社に生涯を預けた単線型人生設計》路線から《自己責任による複線型人生設計・生涯キャリア形成》路線への誘導，社内制度環境の整備への転換といえる。

　第三は，これにつれて教育訓練のあり方も変わってきていることである。かつての画一的な集合研修とOJT中心方法から自己責任による各人の生涯キャリア形成への転換である。その内容の意味は2つある。1つは，従業員全体を対象としたエンプロイアビリティを高めるためのキャリア・カウンセリングの実施，自己啓発の支援（勤務時間の配慮，学費等の助成，教育訓練のための特別休暇，生涯設計プログラムの実施，キャリア形成の情報提供，メンタリングやコーチングなどの助言・相談等）がそれであ

る。厚生労働省によるキャリア・コンサルティングの実施計画，日経連による「日経連キャリア開発センター」設置は，企業のこうした活動の側面支援の役割を果たしている。2つめは，(他社との競争優位に重要な) 高度コア人材を育成するエリート教育の展開である (他企業や国内外大学院への派遣，共同研究，社内大学，など)。ソニーのソニーユニバーシティ，ソニー・グローバル・リーダーシップ・セミナー，ソニー2010，ダイハツの「新キャリア開発システム」，アサヒビールのアサヒスーパー塾，などがこれにあたる。このように，複線化と自己責任・自発性の上に，従業員全体のレベルアップと少数精鋭人材の育成の2つを行おうとしているのである。

第四は，仕事手順・労働時間・勤務場所における固定・一律性から柔軟な運用への移行である。仕事手順裁量での自律性，時間管理裁量での自律性 (フレックスタイム[13]，有給休暇の活用，裁量労働制，短時間勤務正社員)，勤務場所裁量での自律性 (勤務地限定，在宅勤務，通信の活用，裁量労働制) などがこれにあたる。

第五は，評価基準における《属人的能力＋過程》から《成果 (と過程)》への転換である。「職能資格制度的な能力主義」から「成果主義 (業績主義)」への移行，努力や意欲の評価から成果主義への移行がこれにあたる。成果主義は，長期不況の中で，総人件費抑制の道具とされてきた面があったが，従業員の能力・キャリア開発を支援する企業活性化の手段として見直されてきている。人材群の複線化は，評価基準の多軸化と客観性を必要としてきており，成果基準が直接に適用し難い職種においても客観性保証のために360度評価 (多面的評価) による自己評価＋他人評価 (直属上司・同僚・部下・他部門の者)＋結果に至る過程の評価の

導入が見られる。さらにコンピテンシーによる人材棚卸しと育成・配置・処遇，行動重視の管理職評価制度（保有能力から発揮能力への転換）の動きも見られる。さらに，進みつつあるスカウト人事では，社内の人事考課を超えて，評価は市場と時価による評価が中心ということになる。

　第六は，賃金・報酬における一律的年功型基準（年齢・学歴・勤続年数）から業績・成果型基準への移行である。日本経団連は最近，定期昇給制度の廃止，年功型賃金の批判，年齢・勤続年数などの要素を排除した能力・成果に応じた賃金（降給を含む），春闘の終焉などを公言して話題を呼んだ（日本経団連経営労働政策委員会報告2003年12月）。NEC，富士通，日立，松下，三菱など電機業界ではすでに定期昇給を廃止（ないし2004年春から廃止予定）して，能力・成果主義に移行した。他業界でも業績評価基準による報酬システムが多くの企業で導入（ないし予定）されている。企業によって変種はあるが，個人業績や企業業績に連動させた給与体系（固定給部分の減少），目標管理との連動，職群別役割基準の設定による役割業績賃金，事業部業績連動の賞与制度，管理職・専門職に対する年俸制（有期の雇用契約，時価主義，成果主義の原則），ストックオプションやプロフィットシェアリング（成果分配）の採用，等々である。日本IBM・IBMビジネスコンサルティングサービス両社では，成果主義と自己責任を徹底した有期雇用契約制を2004年春から採用する。コンサルタント職約2000人を対象にするもので，退職して2～3年の有期雇用契約を結び，成果による給与増減幅を拡大する。終身雇用より早い昇進も可能だが，成果不振だと報酬ダウンや契約打ち切りのリスクもある，というものだ。次長以上は個人事業主となってIBM社

と業務委託契約でき，競合しない他社との契約も可である（『朝日新聞』2004年2月3日）。

第七は，福利厚生における変化として注目されるのが，お仕着せの企業福利厚生に代わるカフェテリアプランの導入である。多様な個人のニーズに合わせたカフェテリアプラン（自分に必要なメニューを選んで使う選択型の企業福利厚生制度）は，1995年にベネッセコーポレーションで導入されて以来，通産省（現経済産業省）が1996年に「日本型カフェテリアプランの提言」を発表したこともあって，かなり普及してきた。2004年7月からカフェテリアプランを導入する松下電器では，社員は介護施設利用，人間ドック受診，住宅補助費など22種類の福利厚生メニューから必要な項目を選べる。カフェテリアプランの採用によって，法定外福利厚生を現金支給との選択制にしたり，従来の法定外福利厚生制度を原則廃止してしまう，というようになってきている。福利厚生業務を代行するアウトソーシング（アウトソーシング会社，旅行業者，外食産業，リゾート施設運営会社等）も整いつつある。

第八は，人材流動化時代に備えた社内基盤整備の進展である。退職金前払い制度（退職金・福利厚生費のボーナスへの上乗せ）の導入，法定外福利厚生費の廃止，低利住宅貸付制度の廃止，総合職の中途採用，人材スカウト制，エンプロイアビリティを高めるためのキャリア・カウンセリング，能力開発の自己責任化，年金のポータブル化等々。

以上8点について変革の中身を見てきたが，これを要するに，個々人の自律性への立脚，個々人の希望と合致した仕事，個々人に合わせた勤務の柔軟性，個々人にとって使いやすい諸制度，成果と能力開発の自己責任等の方向に企業が時代適応してきている

ことを読み取れる。「はじめに組織ありき」と従業員を規格化するのではなく，組織のほうが個々人に合わせ，個々人の能力・意欲・適性を生かしきる場を提供するという努力をしなければ，個の競争力と生産性を，コスト削減と並行しながら，実現することが難しい。そうすることが今日のメガコンペティション時代の競争に勝ち残るベストな効率的方法だと認識されているのである（前述の経済同友会『企業白書』参照）。

4．残された課題

　企業と従業員の双方にとって上記の変化の方向はメリットがあり，一見したところでは，万事結構なように見える。運用次第では，積極的意義を持つものとなる可能性もある。しかし他方では，その背後には，さまざまな問題点が伏在しているものでもある。

　第一は，従来型から新しい型の人事政策への転換にあたっては，前述の企業内制度改革にとどまらず，社会全体レベルでもインフラ整備が必要だということである。この点は国もこれを課題として取り上げてきており，たとえばそれらは次のようなものである。① 性別や年齢にかかわらない能力発揮の機会の確保，② 労働契約・解雇法制の柔軟化，③ 労働条件変更の柔軟化と公正性確保，④ パートタイム労働者等の働きや責任に応じた均衡処遇ルール，⑤ 外部労働市場の整備（能力評価，需給調整システム），⑥ 社会的な職業教育訓練機会の充実，⑦ 社会保険の適用拡大や税制のあり方の検討（厚生労働省『多様で柔軟な働き方を選択できる雇用システムのあり方に関する研究会報告書』平成14年6月）。

第二は,自由・自己責任・競争・市場がキーワードとなりつつあるこの時代には,ある種のセーフテイネットとして機能していた日本的雇用慣行がなくなり,個々人に諸リスクが負担としてかかってくるわけであり,セーフティーネットとしての社会的インフラ整備・再構築が緊急課題になったという点である([3] 138ページ)。セーフテイネットとして機能しうる雇用保障の構築は特に喫緊の課題である。

　第三は,自由・自己責任・個々人の望む仕事・多様な雇用形態・競争・市場をキーワードとするこの改革が,大状況的にはアメリカ的新自由主義の規制緩和・市場原理主義路線の延長線上にあるものとすれば,アメリカの仕事生活がどのようなものであるかが気になるところである。しかるに90年代アメリカで進行した労働者たちの状況は,《自由と自己責任のもとで生き生きと充実した仕事生活をしている》というのとはかなり異なるようである。ある詳細なホワイトカラー調査レポートによれば,規制緩和と株価第一主義経営のもとで展開されたダウンサイジング,レイオフ,非正規労働者代替による正社員削減の中で,彼／彼女たちの生活は凄まじいものになっている。仕事量の著しい増加,昼食時に外出する時間はなく,混んだ通勤電車中も休日中も携帯電話で次々と仕事,夕食後の家庭でも留守電・ファックス・パソコンの対応,持ち帰り残業は当たり前,時間のプレッシャー,少なくなるくつろぎと過剰なストレス,年々厳しくなるコスト削減目標,インフレに見合わない昇給,諸手当減少,医療保障給付や年金の削減,長期休暇や祝日の消失,派遣労働の増加と正社員の置き換え,等々。アメリカのホワイトカラー中の12％が週49〜59時間,8.8％が60時間以上をオフィスで働いている([8])。それで

も，ある従業員は「問題なのは自分のしていることがいまでも好きだということです」と自嘲気味に答えている。《自由・自己責任・個々人の望む仕事・多様な雇用》の自律性・自発性の帰結がこうなるのであれば，問題である。柔構造的管理システムの怖さがここにあるといえる。

第四は，企業によって人員削減の隠れ蓑に使われる可能性のあるものが，かなり含まれていることである。早期退職優遇制度，再雇用制度，有期契約制，業務委託契約制，エンプロイアビリティ開発等は，今後の運用の仕方次第ではそのような危険性を含んでいる。

第五は，先に経済同友会の『企業白書』に見たように，「グローバルな市場経済のなかで日本企業が勝ち抜いていくためには，市場競争に強い"個"を作り出さねばならない」というのが個人主義的管理システムの目的であり出発点であるとするならば，自由・自律・個の尊重などの一見して「民主化」的外見は，その実，市場競争のための手段として位置づけられていることになる。それは企業内に囲い込まれて分断されていたいびつな労働市場を企業横断的な流動的労働市場に変えていくこと，時代遅れとなってきた労働諸規制を柔軟化ないし撤廃すること，効率化のために従業員の自律性・自発性を引き出すこと等が眼目であって，民主主義の普遍化（各人を尊厳と人権の主体として扱い，目的としての自律・自立と社会的連帯を推進すること）とは区別されるであろう。この2つの自律性のギャップが，進行過程の中で拡大する可能性は大いにあるのではなかろうか。

最後に，自律性とセットになって打ち出されている成果主義の日本企業への適用（およびそれに繋がる日本型年功制批判）に対

しては，その皮相性について厳しい批判があることを紹介して結びとしたい（[10]）[14]。

注
1) レーガン政権（1981～1988年）が双子の赤字・産業空洞化の克服策として打ち出して以来，アメリカにおいて採用されてきた新自由主義的経済政策。
2) 坂本義和『相対化の時代』岩波書店，1997年，10ページ以下を参照。
3) 若い学卒新規採用者を毎年多数採ることは，終身雇用下で企業の平均年齢が上昇するのを防ぐ役割を果たす効果があった。
4) 年功制の存在理由については ① 勤続年数と技能蓄積とが比例するはず，② 勤続年数と企業への貢献度が比例するはず，③ 年齢に合わせた生活費を保証する，④ 若いときに頑張り高齢になって取り返せる「誘因と貢献の長期的均衡」システムになっている，⑤ 日本的イエ（家共同体）思考の影響，等の理由づけがされてきたが，定説はない。
5) 太田　肇『囲い込み症候群―会社・学校・地域の組織病理』筑摩書房，2001年。
6) 職務遂行能力や知識・技能，経験などによる資格等級を設定し，社員を格付けして，昇進や賃金決定などの基準とする制度であった。
7) 「昇格」とは資格制度において等級の格付けを上げることで，「昇進」とは（一般職→係長→課長→部長などのように）上位の地位に上げることを指す。
8) 1980年代から90年代前半に浮上した「人的資源開発論」（企業目標と個々の従業員特性を結びつけた能力開発を，組織主導でめざす）や90年代後半から浮上した「ヒューマンキャピタル（人的資本）論」（個人の欲求と自律・自己責任を重視する一方，個人の稼ぐ力＝価値増殖力に応じて投資し，組織活性化に結びつける）と符合している，と考えられる。
9) 労働省労働大臣官房『業績主義時代の人事管理と教育訓練投資に関する調査』大企業で進む業績主義管理と多様化する人材育成戦略―人事・労務管理研究会人材育成ワーキンググループ調査研究報告（平成12年）。厚生労働省はまた『多様で柔軟な働き方を選択できる雇用システムのあり方に関する研究会報告書』（2002年6月）も発表している。
10) 自立は independence ないし self-help を意味し，他の援助や支配から離れて独り立ちすることを意味する（⇔依存）。これに対して自律は autonomy を意味し，他の支配から離れて自らの意思で行動することを意味する（⇔他律）。
11) 日外アソシエーツの MAGAZINEPLUS による検索。
12) 太田によれば，「個人が組織の一員となった時点で，組織と個人の目的を統合しようとする……伝統的考え方」が「直接統合」である。これにたいして「典型的な仕事人は，自分の仕事に一体化し，仕事をとおして自分の目的を達成しようとする。組織そのものを絶対視せず，仕事をするための手段と位置づけている。仕事と組織に対するこのような関わり方を認め，それを組織の利益に結びつけようというのが「間接統合」である」。この場合，「組織の目的と個人の目的を直接

一致させようとはしないにもかかわらず，彼らが仕事で業績をあげれば，結果としてそれが組織の利益にも結びつく」太田肇『仕事人の時代』新潮社，1997年，148-150ページ参照。
13) フレックスタイムは，情報伝達が遅れる，会議が開けないなどの理由で最近廃止した会社もある（富士通，シャープ，キヤノンなど）
14) 批判の論点は多岐である。① 短期志向性からくる変革視点の喪失，キャリア形成への悪影響，② かえって設定目標の低水準化へ導く，③ チーム的団結を喪失させる，④ 動機付けとしても日本的年功制より優れているとは言えない，⑤「客観的」評価が管理者の部下評価責任感を喪失させる，⑥ 動機付け要因を賃金だけに絞り込むことになる愚，⑦ かえって従業員の自発性・自律性を喪失させる危険性がある，等々。最近のジャーナリズムにも成果主義批判が見られるようになった。たとえば「ちょっと待て！成果主義導入に弊害大噴出」『WEDGE』2004年4月号（16巻4号）。

参考文献
[1] 太田　肇『個人尊重の組織論―企業と人の新しい関係』中央公論社，1996年。
[2] 石毛昭範『新時代のキャリア開発―環境変化とキャリア形成』社会経済生産性本部生産性労働情報センター，1998年。
[3] 渡辺　峻『キャリア人事制度の導入と管理：個人と企業組織との新しい関係』中央経済社，2000年。
[4] 宮下　清『組織内プロフェッショナル―新しい組織と人材のマネジメント』同友館，2001年。
[5] 齋藤毅憲・野村千佳子・合谷美江・藤崎晴彦・宇田　理『個を尊重するマネジメント』中央経済社，2002年。
[6] 二神枝保『人材の流動化と個人と組織の新しい関わり方』多賀出版，2002年。
[7] 高橋俊介『キャリア論―個人のキャリア自律のために会社は何をすべきなのか』東洋経済新報社，2003年。
[8] Jill A. Fraser, *White-Collar Sweatshop: The Deterioration of work and Its Rewards in Corporate America*, W. W. Norton & Company, Inc., New York, 2001. 森岡孝二監訳『窒息するオフィス―仕事に脅迫されるアメリカ人』岩波書店，2003年。
[9] 産労総合研究所編『新・キャリア開発要覧―自律型社員が会社を変える』経営書院，2003年。
[10] 高橋伸夫『虚妄の成果主義―日本型年功復活のススメ』日経BP出版センター，2004年。

［片岡信之］

第 2 章

情報社会における個人の自律性

キーワード：IT 革命，ネットワーク社会，e コミュニティ，
バーチャル組織，バルネラビリティ，IT ハ
ザード，視野狭窄，人間疎外，自律と他律の相
補性，超自他'無律'

1．IT 革命による自律再考

　インターネットは，バーチャルなコミュニケーション空間をもたらし，時間的・空間的な制約を受けずに情報の受発信を行うことができるネットワーク社会を生み出した。インターネットを基軸にした「IT 革命」は，距離や時間に関係のないコミュニケーションの革新であることから，益々グローバル化が進展し，社会組織だけでなく，現代人の生活にまで様々な影響を与えている。こうした情報技術（IT）は，人間の伝達能力の生物的限界を更新することで，従前の労働集約型の社会組織を変革させ，近年では，e ビジネスによる電子商取引にも利用されている。一方，こうした現代社会のネットワーク化と相まって，組織のシステム化も呼応するように発展し，情報社会のなかで個人のあり方が社会人として，また組織人としても問われはじめた。

現代社会においてIT革命は，新しい社会的関係や経済的効果をもたらすメリットの半面，プライバシーや知的財産等の情報セキュリティをはじめ，個人心理においても疎外感や身体的な拘束感というデメリットも知られ，社会－組織－個人の新たな関係を再検討すべき時代趨勢となってきた。情報化によるネットワーク社会の到来が結果として，社会組織と個人の相互関係をクローズアップさせ負の側面も注目され，IT革命の「光」の部分を賛美するだけでは十分とはいえなくなってきた。

一方，ITのもつ利便性に伏在する「影」の部分についてみるならば，ネット社会の脆弱性や組織システムの劣化のみならず，情報社会に生きる現代人のテクノストレスの問題もある。コンピュータウィルス感染の脅威，言語表現・視野狭窄，実態としての身体的拘束をはじめとする情報技術から他律的な圧力としての「ITハザード」が危惧される。果してIT時代の現代人は如何にあるべきなのか。そこで本章では，先ず現代社会のネットワーク化についてeコミュニティをもとに検討し，次に組織システムのデザインを経営学説の変遷を遡りながら，情報社会における私たち現代人に課せられた個人の自律性について考えたい。

2．現代社会のネットワーク化―eコミュニティ

(1) 顔の見えないバーチャル・コミュニティ

インターネットや電子メールは，国境を越えワールドワイドに広がり，情報通信技術（ICT）に支援された新しいタイプの電子コミュニティ，すなわち'e'コミュニティを生み出している。IT革命による情報通信技術を基底におくeコミュニティでは，

時空に制約されずグローバルな情報交換がなされている。ネットワーク上に形成されるeコミュニティでは，環境汚染や年金問題，家庭内暴力や子育て，都会の一人暮らしの孤独感やストレスや引篭もり等，現代生活で問題となっている様々な出来事について参加者同士がホームページや電子掲示板で問題を共感し合ったり，問題解決に向けて情報交換や知識の授受もみられる。これら現代人が抱える多様な問題では，個人が隣人に相談しにくい事柄を情報交換している。eコミュニティでは，どこの誰か分からず顔が見えない「匿名」ゆえ，「本音のやり取り」することができる。いわば，顔がみえず自らを名乗らないままネット上において「内観の自由」が担保されているのである。

　eコミュニティは，もともとインターネット開発の初期の段階におけるARPAネットやCSネットで，研究者相互が電子空間内で情報・データ・知識の交換を介して問題解決をはかるバーチャル・コミュニティであった。今日では，誰もがインターネットで電子メールやチャット，電子掲示板，eグループ等を通じて情報や知識の交換がなされ，組織上の業務におけるものだけでなく，個々人相互の社会的関係においても一般に利用されはじめた。このコミュニティに参加する個々人は，ネット上のホームページや掲示板に興味や関心を投書し，孤独感・不安・悩みを共感しあう等，個々自らが抱える問題解決への欲求・不満・期待・願望の部分を切り出したパーシャルなコミュニケーションがなされている。

　eコミュニティの概念について，スカイアミー（Skyrme）は，「初期のインターネット文化の縮図」と称し，現実世界の問題を解決する上で，情報通信技術を介して人工的に造られた「仮想」

(virtual)の世界において,諸個人が匿名でコミュニケートしながら,問題解決のシミュレーションをする擬似的な情報空間と規定する[1]。e コミュニティの性質は,現代人が抱える問題や欲求・願望に対して,情報交換や知識授受による人的交流が成り立ち,時に e ビジネスのような財貨交換に至るバーチャリゼーションもある。

(2) ネット社会のバルネラビリティ

e コミュニティの特性は,情報通信技術に支援され,その開放性・平等性・グローバル性と裏腹に,利用者や主催者に極めて大きなリスクも含んでいる。e コミュニティでは,どこの誰かも知れず,顔が見えない事から,問題の共有や解決の為に悩みを共有し自由に意見交換できる利便性がある。半面,ネガティヴな側面として,反社会的な衝動や歪んだ動機を持つ者も少なからず,ホームページや掲示板を意図的にウィルス感染させたり,電子メールを悪用する等,違法行為に結びつく事も多い。それらは結果としてプライバシーや肖像権・人格権,そして著作権や特許など知的財産権の侵害が多発している事実からも明らかであろう。

今日では,e コミュニティへの破壊や侵害行為は,悪用した者だけでなく,このバーチャル・コミュニティの場を提供している「主催者側」に対しても社会的責任が問われつつある[2]。ネット社会における規制や規律は,顔が見えないゆえ,ネットワークへの情報セキュリティの保持には,従前の相手が特定できる社会組織より「信頼性」の確保が一層むつかしい。諸個人が匿名で参加する e コミュニティでは,破壊的行為や混乱を目的にしたり悪用する者も多く,開放性・平等性がマイナスに作用した場合のリス

クも大きい。事後的に法的措置が講じられているものの十分とはいえない。インターネットによる個々人が相互に繋がった「ネット社会」自体の信頼性が、グローバル化のデメリットとして問題視されている。そこには、ネットワーク社会を構成するeコミュニティのみならず、情報社会そのものが持つ「脆弱性」(vulnerability)を孕んでいるといえよう。

今後、eコミュニティの新たな側面としては、単に現実の問題解決に必要な「使える知識」をネット上で情報交換するだけではなく、新たな動向も注目される。事象や問題を共有する人々がネットワークを介し、「利害関係集団」や意見媒体として政策決定や組織決定に影響を与えるパワーも有しており、新たな政治的・社会的な単位としての意味が生じつつある。ともあれ、インターネットをもとに種々のコミュニティが電子空間内で構築され、そこでは現実世界とは異なり、バーチャルな社会組織や市場を形成しており、地縁・血縁などによる地域社会や村落、集団という既存の社会的単位とは異なった様相を呈しているのである。

(3) ソシオネットワークと組織変革（ゲマインかゲゼルか？）

かつてテンニース（Tonnies）は、社会組織の形態をゲマインシャフトとゲゼルシャフトに分けた[3]。ゲマインシャフトとは、地縁・血縁による自然発生的な「共同社会」であり、ゲゼルシャフトは、有目的的で人工的な「利益社会」を指している。IT革命が生み出したeコミュニティは、果たしてゲマインシャフトかゲゼルシャフトなのか、もしくはこうした分類では、解せない社会現象なのだろうか？

eコミュニティは、「知縁」によるラテラルな知的関係のネッ

トワークであり,「地縁や血縁」といったゲマインシャフトと異なり,また「利権や金縁」によるゲゼルシャフトとも異なる。願望や欲求そして動機が不明確なまま参加可能で入出退自由な「知縁」の場,ソシオネットワーク・システムなのである。eコミュニティのメンバー相互は,元々,タイトな契約関係を強いるものではない。eコミュニティの成立時には,個人相互の問題共有や趣味の共感であっても,その発達過程で人的・社会的な交流に発展し,時にeビジネスのように知識の授受や財貨の交易にまで発展するケースもある。

　テンニースは,社会が進化すれば,ゲマインシャフトからゲゼルシャフトに移行すると予見した通り,現代は組織社会によって構成され,ゲゼルの比率は益々高くなってきた。情報化の初期段階では,組織社会を後押してきたが,情報化が個人の日常生活に浸透する成熟期では,ゲゼルでもゲマインでもない中間的で半構造的（quasi-structured）な社会的関係を生み出した。eコミュニティの創出は,ゲゼルからゲマインへの揺り返しであり,「組織社会」にアンチテーゼを提示している。IT利用のスタイルが,組織をシステム化し合理的な効率性追求と同時に,一方で,個々人による知識社会のネットワーク化が進展してきたといえよう。

　知識社会のダイナミズムは,従来の組織社会を一部否定しかねない要因を含み,IT革命が経営組織のリオーガナイズ（組織再編）をもたらし,単に連繋・結合の形態ではなく,「ネット社会の脳現象化」も指摘され,ギャザニガが「社会脳」（social brain）と形容したり[4],またラッセルが情報社会の成熟期におけるグローバル社会を構成する「神経単位」として個々人をみな

し,「グローバルブレイン」(global brain) と称する様相を呈している[5]。現代社会は, 契約に基づく社会有機体によって構成された「組織社会」を必要としてきたが, IT 革命は, 新たな社会的関係や情報空間を創生し, ディスオーガニゼーション (disorganization) による近未来の「非組織社会」も現実味を帯びてきた。

3. 組織システムのデザイン―複合労働の解剖と人間観

(1) 社会情報化と組織システム化

情報化の初期の段階では, 組織効率化や業務の合理化に対するプログラム可能性が追及された。そこでは人間労働の数量化可能域がシステム化の対象となっていた。一方, 今日の情報化では, システムエンジニアリング (SE) を介して, 組織的な業務を課業 (task) の単位毎に数量的に測定し, アルゴリズムとフローで定式化してきた[6]。従前より人間労働のなかでも,「ブルーカラー」が担う作業労働は, 視覚的に把握され作業工程としてマニュアル化されてきたが,「ホワイトカラー」の事務管理についてはシステム化が遅れていた。ところが情報技術は, デスクワーク上の定型的業務に対して, コンピュータがもつ「IF THEN ELSE」という数値的な判定機能が管理業務の一部分を代替可能にした。コンピュータのプログラム内蔵方式を用いた判定機能は, 企業, 官庁, 病院や大学をはじめ, 組織共通のすべての定型業務に対し利用され, 定型化できる判断業務が可能な限りマシンに模倣されていった。こうした点について, サイモン (H. A. Simon) は, 一方で, 組織の部門毎にある業務のうち不定型 (ill-structured) で構造化できない部分は, 非プログラム (non-programmed) の

領域と分析していた[7]。もともと課業労働の分析自体は,情報化によるシステム化より以前に,既に経営学の学説理論においても様々な試みがなされてきた。

アメリカ経営学の学説や思想に照らすと,システムエンジニアリングの分析対象とする「課業」を実践する労働者モデルは,従前,テイラー(F. W. Taylor)が『科学的管理』で取り扱った「合理的経済人」という人間仮説に近似している[8]。しかし異なるのは,テイラーの時代は,課業労働の対象を熟練工シュミット氏1人の「単独労働」をモデルとして把握したことである。ところが,今日の情報化では,組織の部門課係の分業単位である「労働複合体」を分析対象としたことに差異がある。ともあれ,情報化による組織のシステム・アナリシスも,従前の単独の作業労務における課業分析と同様,複合的な課業の集合体である組織的分業を分析する「労働の解剖学」であったことには違いない。

人間協働という動態を静止させ,全体に対して機能する単位組織における課業労働を抽出し,その構造化を指してシステム化と称していたのである。ところが,こうした分析の限界は,あくまで個人的怠業や組織的怠業(systematic soldiering)を「他律的に抑止」する管理技法であり,個々の達成感や創造性を促す自律性を涵養するものではなかった。そこから,システムエンジニアリングの対象とする課業労働そのものが,現実に経験される実践面との不一致が生じ噛み合わず,労働現場でのシステム劣化に伴い理論と実践の乖離に対する是非が検証され問われはじめた。

(2) 労働の解剖学と人間仮説

人間労働の分析は,何も情報化によるシステムエンジニアリン

グに始まる事ではない。先のテイラーをはじめ，ファヨール（H. Fayol）やメイヨー（E. Mayo）など，様々な技術者や研究者が人間労働における課業・業務・作業を測定分析してきた。彼らは，それぞれ時代背景から産業組織のニーズを充足する効率化の手法を編み出した。ファヨールは，鉱山労働を分析し[9]，テイラーは工場労働における課業を時間・動作研究（time & motion study）から出来高制能率給（piece-rate system）を考案し，これを「科学的管理」（scientific management）と称していた[10]。その後，メイヨーはWE社ホーソン工場の実験（Hawthorne Experiments）で作業環境や労働条件を変えることが，作業効率に如何に反映するのか分析した[11]。初期の経営学説上，よく知られた課業労働の分析の特徴は，主に労働現場での全体組織の作業効率に焦点が絞られ，個別労働者の達成感や満足度は捨象されていた。つまり，「人的資源」である個々人の業務知識の獲得やノウハウ・スキルの習熟に対して分析されない「使い捨て型労働」を想定していたといえよう。

しかしながら，労働者個々の知識獲得や熟練度は，組織の情報化やシステム化に際して制度設計上，大変重要な要素である[12]。労働者個々に蓄積される知識情報や熟練度は，全体組織を存続させるうえで競合相手との「差異化」となるだけでなく，対外的な社会環境への適用能力や組織そのものの進化を決定する前提要因となるからである。組織内部に散在する情報やデータを情報処理する主体は，あくまで個人であり，既存知識を操作したり，新規知識を組織に持ち寄るのも個々の構成員である。そこから人間情報システムが連繋した「人知のネットワーク」が活性化しなければ，組織全体の存続と成長は期待できないのは明らかなのであ

る。アメリカ経営学の初期の学説にみられる全体的な効率性のみを重視した課業労働の分析から作業組織をデザインする経営管理技法に対してアンチテーゼを提示したのは，バーナード（C. I. Barnard）の組織思想であった。バーナードは，自らの管理経験から，組織成員のモデルを各々の職能面から把握した。彼は，全体組織の因果関係として「個と全体」の二律背反を明示しており，かかる「離反の性向」をもつ2大要因の調和統合こそ，組織存続の中心命題と示唆していた[13]。

バーナードが基軸におく人間仮説は，テイラーの合理的経済人やメイヨーの社会人に対し，「全人仮説」を提示していた[14]。その根拠には，人間行為の実態が時に経済合理性だけで説明がつかない情緒的側面をおき，個人行為に内在する非合理性の所在を排除しなかった。バーナードは，全体組織を構成する単位である個別人間の解釈に，自然人（human nature）誰もが背負う物的・生物的・社会的（心理的）諸制約を否定せず，経済人や社会人といった画一的な尺度法で捉える事の限界を指摘した[15]。人間行為によって構成された組織的労働を測定するには，一面的な仮説による単純な「モノサシ」では，測定不能であることを自らの経験則より明らかにしたのである。彼の提示した人間行為に内在する「非合理性の所在」こそ，システムエンジニアリングが対象とする人間組織の「仕事のシステム化」をするうえで，普遍的に制約する部分にほかならない。

(3) 組織的労働における個人学習

情報化による組織のシステム化は，定型化できる課業労働を記号論理によって置き換え，これをコンピュータに移植させプログ

ラミングしてきた。しかしながら、人間労働に内在する高次な情報過程である創造性や独創性そして意思決定などの判断にみられる、定式化しにくい部分は、システムエンジニアリングの対象外であるだけでなく、人間組織そのものを限界づけていることに変わりはない。これらは、「合理化の外」にあり、効率性だけで割り切れない部分である。組織を根底から支えるリーダーシップ、勤労意欲、達成感、忠誠や一体感などの人的側面は、個々の主観や心理状態に基づき極めて相対性を有し、数量的な定式化ができない質的な側面である。つまり「個人的知識」として一般化して伝達するのが困難な「人間情報処理」固有の特性である[16]。

元々、人間システムの情報処理では、言語知識による文字記号や会話のみならず、イメージやシンボルそしてサイン、シグナルなど心象作用によって培われた非言語的な知識過程が既に含まれている。そこには、直感といわれる人間の感覚的な所作も包摂されている。直感は、言語知識としてではなく、直接の行為も通して獲得され、行動知識や経験知識として保持される人間特有の情報プロセスである。さらに、こうした非言語的領域には、道徳倫理や良心規範といった普段意識されないが、人々の行動を決定する「暗黙知」(tacit knowledge)の所在まである[17](図2-1、後述)。

人間個々が固有にもつ主観的かつ非定型な領域は、一方で、社会組織に流通する既存の客観的知識を更新し、新規知識を生み出し、通常、言語化されにくい熟練度もこの部分に介在する。これら人間行為に伏在する潜在的領域は、時に個人努力による創意・工夫によって新たな知識獲得や情報創造をもたらし、結果として全体組織のシステム進化や環境適応にも作用する「個と全体」に対する「ホメオスタシス」を維持しているといえよう。

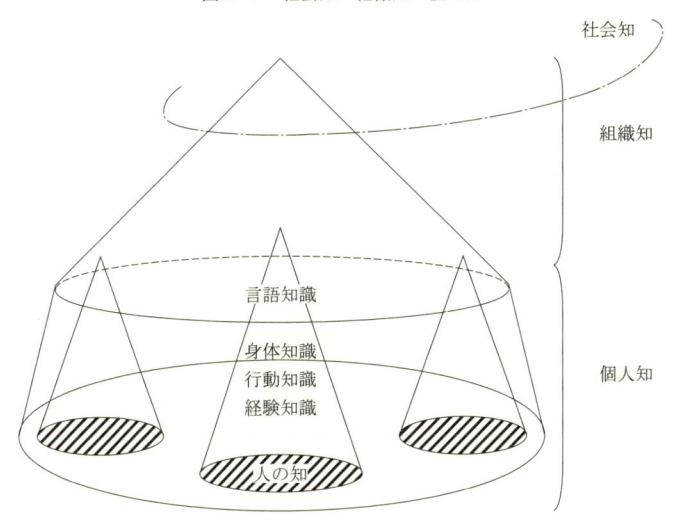

図 2-1　社会知∞組織知∞個人知

　　　　　　　　　　　　　　　　　　　社会知

　　　　　　　　　　　　　　　　　　　組織知

　　　　言語知識
　　　　身体知識
　　　　行動知識
　　　　経験知識　　　　　　　　　　　個人知

　　　　　　　人の知

4．個人自律と他律の相補性―視野狭窄ITハザード

⑴　社会から組織，そして個人へ

　情報革新から未来社会を予見したトフラー（A. Toffler）は，『第三の波』において，新しい労働形態として「テレコミューター」（telecommuters）という節を設け，「これら二つの巨大な流れ〔技術体系と情報体系〕が合流して，現在の生産システムの構造を根底から変革し，工場やオフィスでの仕事の性格を変え，究極的には仕事の場を家庭へ戻す方向へとわれわれを導いていく」と記している[18]。トフラーの「テレコミューティング」（telecommuting）が示す遠隔勤務や在宅勤務では，仕事を職場から家庭へ揺り戻す潮流を示唆しており，それは今日のユビキタ

スやSOHOにおいてもみられる趨勢である。こうした勤務体制では，バーナードが提示した組織の基底にある人間協働の諸要因が益々注目されてきたといえよう。

人間組織そのものは，ロボットやプログラム通り動かない社会システム固有の特徴がある。こうした組織の効率性を図るうえで参加者相互の社会的結合を維持し一体化するのに占める負担は当然大きい。従来の組織では，通常オフィス空間において文字や会話を中心に情報伝達がなされてきたが，情報ネットワーク上では文字や会話で扱われない意思や意向等の非記号情報が，職務上の公式の伝達面で捨象されてきた。非公式組織における人的関係が損なわれると組織の部課係といった各セクションを硬直化して，公式組織そのものが機能不全に陥ることが経験的にも知られている。そこから組織の一体化を図り，公式組織を機能させる為には，非公式組織における人間関係の維持に占める比重が軽視できなかった，たとえIT革命によって情報化しても現代組織は，社会的関係の基底にある人間相互の理性と感情によって構成されている為である。

従前の組織管理においては，組織を構成する人間相互の社会的関係の維持に多くの財貨や時間，そして労力などエネルギーが費やされてきた。ところが，現代組織においてITの進展と相いまって，非公式組織における個人相互の社会的関係が徐々に希薄化しつつある。今日のIT革命によって，社会がネットワーク化し組織がシステム化するに従い，組織管理の形態や個人と組織の関係に新たな局面を提示してきた。しかし一方では，テレコミューティングのように，遠隔・在宅勤務など形態が変っても動機づけや勤労意欲（morale）そして組織忠誠（loyalty）など，

情報技術で十分補填できない組織維持にとって重要な側面もある。これら労働者心理の基底にある要因が結果として個人能率を決定し，それが結果的に組織有効性に還元されることから，能動的な労働という視点で，個人の自律性が再考されるようになった。たとえ，社会がネットワーク化し組織がシステム化しようとも，人間協働における組織有効性と個人能率という「個と全体の因果律」は，たとえIT革命にあっても根幹をなす不変の問題なのである。

(2) 個人学習の基底―自律的「人の知」

　社会組織の情報過程では，人間相互の社会的関係が暗黙の前提となっており，意向やイメージの伝達に際し，非言語的側面を捨象してしまう情報通信技術が制度システムを補完するうえで克服すべき課題はまだまだ多い。組織の一体化やその活性化にかかわるのは，数値・文字や音声で伝達される言語的な記号情報ではなく，人間の内面にある意思や意向にみられる「あいまい」で非記号的なイメージやシンボルによる情報過程である。情報通信・処理技術によって文字や数値等の言語的情報は迅速かつ正確に伝達表現されるが，一方でその暗黙部に伏在する意思や意向といった潜在的情報は伝達表現が困難であり，ICTを基盤にしたシステムには反映されにくい。人間とその社会は，先の非記号情報も含めたシンボリックな操作を実現している。個々人の社会参加において情況や雰囲気を触知したり，社会環境を理解し適応することは，存続のための不可避な知的過程なのである。

　こうした社会組織の知識過程では，個人単独の情報処理において無かったものが他者との相互作用から創発されることから，

「学習行為」がとりわけ重要な意味をもっている。学習行為そのものは、人間という生命有機体であれ、組織という社会有機体であれ、内外環境を記号化してシステム内部に取り込み、存続の確率を高める機能である。生命有機体が生態環境を学習し適応するのと同様、組織など社会有機体も社会環境を学習しながら適応し、働きかけている。外部にある変動要因を内部化せしめる学習行為は、環境と共存・共生関係にあるすべての有機体にとって「自己保存」の為の不可欠なプロセスなのである。たとえ学習の対象が、言語化や記号化されていなくとも、私たちは外部環境を認知してイメージ情報やシンボル情報として直接学習することで環境適応を果たしてきた。

ネット社会にみられる情報の授受・交換過程では、個々人の学習過程が社会組織の知識過程とも同時に相関している。私たち個々人は、社会組織への参加経験を通して取り巻く全体情況を自己のなかに再生しながら、行動を選択しているのである。人間の情報処理では、社会組織との相関を通して触発され、外部から獲得した知識情報をもとに個々の内部世界にバーチャリティを形成してきた。社会組織という全体情況から「相互学習」したものを個々人のなかに内部化し再生する過程で、行為と感応する知が形成されていくといえよう。

バーナードが予見した通り、個人行動の背景にある知識過程が再度、全体組織のなかで共有され、再解釈され結果的に不文律として組織文化（organizational culture）や風土（climate）に沈殿していくものと思われる。こうした個と全体における「個人知」と「組織知」そして「社会知」の双発的な作用によって、言語知識を生成するアーキテクチャこそ人間知性といえよう（前掲図

表参照）。情報社会が創発する知識情報の源泉は，人間情報システムに規定される。知識自体の生成・処理・忘却・廃棄という一連のプロセスで，既存知識を更新し新規知識を創造するのは，自律した「人の知」である個々のインテリジェンスにほかならない。

(3) ITハザード―自律と他律の相補性

社会のネットワーク化や組織のシステム化にみられる情報革新が進めば進む程，言語による知識や文言の伝達だけではなく，人間の意思や知見を伝達する潜在的な情報過程の所在が，益々重要視される。現代のIT革命が基軸におく情報通信技術によって伝達表現できない人間の内面に意欲や「やりがい」自負といった潜在的領域が伏在し，これらは社会組織を構成する基底的な要因である。たとえ遠隔勤務や在宅勤務で，情報通信技術によって支援されても，こうした潜在部分にみられる個人相互の社会的結合が，実は全体組織の有機化にとって枢要な位置を占めていることに変わりはない。

現代のIT革命によるコンピュータの情報処理範囲は，主に記号論理として解釈できる領域に限定されており，人間のもつ創意・工夫のような高次な情報創造機能の複製や模倣ができない低次元の情報処理でもある。人間の情報能力は，精度には欠くものの，イメージ処理やシンボル操作など，非記号的な対象を認知学習し操作することができ，「高次元の情報処理」を実現しているのである。もともと人間がもつ知的活動は，すべて言語や数値に表記不能でありコンピュータ技術に置換できない。仮にある範囲を置き換えたとしても，入出力の面でコンピュータキィボード上にある記号情報に制約される事から，使う人間が限定された語彙

のなかで「視野狭窄」を招いてしまう[19]。つまり社会に流通する情報表現の多様性が閉塞し、脳の自由度が束縛され、結果として心身の拘束感が増している。本来、情報化の意味は、人間の知見や行為が情報技術を介して、自律的に「情報能力」を進化させるかどうかに帰結されることから、人間から創造性を奪いかねない視野狭窄や表現閉塞、心身拘束など、情報社会が陥る「ITハザード」が危惧されている。

情報化の進展は、個々人が社会制度技術や組織管理技術だけでなく情報技術からも「他律的に拘束」されている。そこから人間がもつプリミティヴな「暗黙の情報過程」の価値を見直す結果となり、「個人の自律性」をクローズアップさせ再起させたといえよう。IT革命は、制度技術や管理技術に浸透し、諸個人を「他律的に制約」してきた。個人に押し寄せる社会のネットワーキングと組織のシステム化は、社会組織からの他律と鬩ぎあう諸個人の自律性とが相互補完関係をもたなければ、共に維持・存続できない。情報社会にあって私たち現代人は、情報技術に押される'他律'と対峙するだけの自律性を意識的に涵養しなければならない時代趨勢となってきたのである。

情報化社会に生きる私たちは、逐次更新される情報技術に翻弄され、職場でも家庭でも、インターネットやEメールと常時接し操作することが多くなり、ネット利用に心理的な強迫観念すらある。ITの進展による技術的な外圧に直接または間接に律せられていると言えなくもない。こうした社会的趨勢による他律に対抗するだけの自律性が、現代人にとって精神衛生上求められるのである。筆者は、こうした自律と他律が同次元で鬩ぎあう精神的エネルギー自体を必要としない「超自他」、すなわち'無律'の

時間こそ[20]，自律性回復を救済するのではないかと考える。自と他を超えた，個本来あるがままの自然人でいられる'無律'こそ，情報化に押された現代人にとって，不可欠なアンチITハザードであると思われる。

5．脱ITハザード—超自他'無律'

情報化社会における個人の自律とは何か？そもそも，IT革命の有る無しに拘わらず，私たち個人は社会や組織からの「自律」，あるいは社会通念上の精神的な「自立」を理想としてきた[21]。しかしながら，いつの時代も，100%の自律や他律などありえず，個人は社会組織との相互過程にあり，自律／他律はフィフティ・フィフティ個人の主観や心理状態による。むしろ，他から律せられる程，個人は自らの意思が及ぶ余地を希求する。自律と他律のバランスは，概して個々の主観による感覚面が支配し漠としている。ところが，今日，情報社会における否応無しのIT利用によって自と他のバランスを損なってこそ，個人の自律性を問題視するようになった。ネットワーク社会にあって，職場・組織でも個人・家庭でもインターネットにEメールのチェックしているのが現代人。IT利用によって時間・空間を越えて情報の受発信ができ，便利さと自由を手に入れたはずが，コンピュータ技術に拘束され心身とも束縛された強迫観念を感じるのは，果たして私だけであろうか？

今日の情報化社会で個人の自律性が問われるのは，情報技術や社会組織からの外圧強化のみならず，ITによる技術革新が制度革新や管理革新に及び，現代人を律しているからにほかならな

い。例えば、IT革命による種々の組織革新や制度改革、ワークスタイルやライフスタイルの変容をはじめ、前述のコンピュータキィボードにある文字や語彙に制約される知識表現上の視野狭窄が思考の閉塞感に及ぶこと等が、ITハザードの元凶といえよう。人間本来の情報能力であるイメージ処理やシンボル操作が現代の情報技術では十分に扱えず、ヒトの脳現象である情報表現のバラエティを矮小化してしまったり、常時パソコンと接する精神的な圧迫感を生じたりする。かかるIT利用によるコンビニエンスに対峙してネガティブな側面としての「心身他律」は否めないといえよう。

情報に遅れることへの恐怖や不断に更新されるコンピュータリテラシーからくる強迫観念は、一種の「IT版の人間疎外」であろう。他律圧力としてのIT革命は、「いつでも何処でも情報通信」が、結果として個人のメンタルな自由度を束縛するという情報技術のパラドクスを抱えている。こうした「ITパラドクス」は、情報通信の利便性と裏腹に拘束感が益々増大している。ITによる他律は、現代人が無自覚な利用によって浸透した分、その反作用として個人自らが意識的な努力を投じて、自律性を回復しなければならず、それはIT他律に対抗する形の自律では贖えない。恐らく、情報社会に生きる私たちの自律性の涵養とは、ITに支配される、されないの他律／自律を超えた無為'無律'こそが現代人にとって妙薬かもしれない。

注
1) Skyrme, D.J., *Capitalizing on Knowledge*, Butterworth-Heineman, 2001, p.83.
2) 阿辻茂夫・施學昌・平山禎子「知識コミュニティと信頼マネジメント」『経営情報学会誌』第11巻第2号、2002年9月、31-42ページ。

第2章　情報社会における個人の自律性　45

3) Tonnies, F., *Gemeinschaft und Gesellschaft*, Verlag Karl Curtis, 1926. (杉之原寿一訳『ゲマインシャフトとゲゼルシャフト』岩波書店，1957年。)
4) Gazzaniga, M.S., *The Social Brain*, Basic Books, 1985.
5) Russell, P., *The Global Brain: Speculations on the Evolutionary Leap to Planetary Consciousness*, Curtis Brown, 1982, pp.98-106.
6) 阿辻茂夫「組織情報化の意味」『工業経営研究』第14巻，2001年，131-134ページ。
7) Simon, H.A., *Administrative Behavior*, The Free Press, 1945, pp.166-167, p.223.（松田武彦・高柳 暁・二村敏子訳『新版 経営行動』ダイヤモンド社，1989年，213-214，283ページ。)
8) Taylor, F.W., *The Principles of Scientific Management*, Harper, 1911. （上野陽一編訳『科学的管理法』産業能率大学出版部，1969年。)
9) Fayol, Henri., *Administration Industrielle et Generale*, Dunod et Pinat, 1917.（佐々木恒男訳『産業ならびに一般の管理』未来社，1972年。)
10) Taylor, F.W., *op.cit*.（上野陽一編訳，前掲。)
11) Mayo, Elton, *The Human Problems of an Industrial Civilization*, Macmillan, 1933.（勝本新次・村本栄一訳『産業文明における人間問題』日本能率協会，1947年。)
12) 渡辺 峻『コース別雇用管理と女性労働』ミネルヴァ書房，2000年。
13) Barnard, C.I., *The Functions of the Executive*, Harvard University Press, 1938.（山本安次郎・田杉 競・飯野春樹訳『新訳 経営者の役割』ダイヤモンド社，1968年。)
14) 飯野春樹『バーナード研究』文眞堂，1983年，112ページ。
15) Barnard, C.I., *op.cit*., pp.197-199（山本・田杉・飯野訳，前掲，206-208ページ。)
16) Polanyi, M., *Personal Knowledge*, Routledge & Kegan Paul Ltd., 1958. （佐藤敬三訳『個人的知識』，ハーベスト社，1985年。)
17) Polanyi, M., *The Tacit Dimension*, Routledge & Kegan Paul Ltd., 1966. （長尾史郎訳『暗黙知の次元』紀伊國屋書店，1989年。)
18) Toffler, A., *The Third Wave*, Morrow & Co., 1980, pp.194-207.（徳山二郎監訳『第三の波』日本放送協会，1982年，280-298ページ。)
19) 岩谷 宏「コンピュータ技術の視野狭窄」『現代思想―特集IT革命の陥穽』，2004年，18-21ページ。
20) 鶴見和子「無律の時間」『いまを生きる』，2003年，13-18ページ。
21) 片岡信之教授より「自律」と「自立」の差異について教示して頂いた。

［阿辻茂夫］

第3章

市民社会の変貌と個人の自律性

―キーワード：市民社会，情報管理社会，共生，ネットワー―
ク，情報的理性，リアリティー

　市民社会（civil society）は，歴史的には市民革命によって成立した自由な私的商品生産＝所有者の対等・平等な社会関係をさす社会であるとともに，産業革命を経た資本主義社会をも意味している。とりわけ商品，貨幣を媒介とした物象的依存関係として捉えたマルクス（Karl Marx）の方法によれば，人間と人間の直接的な関係がこうしたモノを媒介として関係せざるをえない社会として市民社会は現象している。この市民社会は，今日では，この媒介項の重点を商品，貨幣から情報へと変化させ，情報化社会，ソフト化社会，情報資本主義社会と言われることになっている。本章では，この情報化に伴う社会変化を市民社会の今日的変貌として捉え，かつこの変貌を管理形態の変化において捉えることにする。また，市民社会を情報管理社会として捉え，情報管理社会における個人の自律性の現代的特質と今後の可能性について論じることにする。

1. 管理形態の今日的変化

(1) リアリティーの変容

　情報管理社会は，管理性と自律性という複数のコンテクスト（脈絡）を社会の性格としてもっている。自律性は奪われているのではなく，むしろ与えられて管理されている。個人は自己裁量を与えられてシステムに組織されている。そこでは，情報関係というメタ言語（言語を対象にする言語）レベルでの個人の自律性の享受であり，それは同時に情報関係を介した社会的・組織的管理の一層の強化を意味している。

　企業経営システムは，今日では一般的な情報システムとして捉えることが可能である。すなわち，企業経営システムは，社会のあらゆる領域・分野へと侵入し，一般的で普遍的なシステムとして人間関係の今日的質を形成し強制しつつある。今日の情報化の急速な進展は，一方で地域的・社会的・地球的規模での管理性の強化と，他方で個人的・精神的活動での自律性の享受が同時に実現されようとしているかに見える。このことは，具体的な人間関係の変容をもたらしている。

　この情報化を伴う人間および人間関係の具体性（リアリティー）の変容は新たな問題を生んでいる。例えば，コンピュータ・ネットワークへの過度の依存は，コンピュータ・ウィルスの感染，ハッカーなどのコンピュータへの不正侵入による労働および日常生活上での様々な障害の可能性，そして電子メールの盗聴や改ざんなどの危険増大への対応というセキュリティー問題，相手確認と匿名性への要求というプライバシー保護問題，知的所有

物の量的・質的増大に伴う知的所有権保護問題など広範な社会生活上の諸問題を新たに生んでいる。こうしたセキュリティー問題，プライバシー保護問題は，具体的な人間関係の世界においては起こりえない問題である。また，具体的な人間および人間関係の属性を常に伴っていたこれまでの知的・精神的な活動が，情報化の進展の中で，対象化（プログラム化，データ・ベース化）され構造化されることになっている。このことから生じる知的・精神的なものの経済的・社会的価値（知的所有権）が，個々人の知的・精神的活動を操作・管理せざるを得ないという新たな問題を生んでもいる。この知的・精神的価値をめぐる問題は，経済的取引上の問題にとどまらず，人間および人間関係の変容・解体という問題ともつながっている。例えば，現実と仮想の混在という人間の知的・精神的なものへの影響問題としてのバーチャル・リアリティー問題などである。そこでは，人間が手段として用いる情報と情報関係が，人間の知的・精神的な活動の目的となってしまうという転倒現象を生んでいる。手段としての情報関係の中に人間および人間関係の知的・精神的なものがとりこまれつつある。

(2) 管理性と自律性の共生

一方での企業活動を中心とした地域的・社会的・地球的規模での情報化と，他方での個々人の知的・精神的活動の情報化の中で，具体的な人間関係は日々変容させられている。この変容を考察する上で，現代社会を，社会の管理性と個人の自律性の共生のあり様を考察するという視角から捉えることが課題となっている。

共生という用語を異なった性格のものが互いに相伴って存在し

かつその性格を促進し合うものであるとすると，社会の管理性の強化が個人の自律性の進展を促進し，逆に個人の自律性の進展が社会の管理性の強化を促進する相互共生関係にあるということになる。ここでの個人の自律性の進展とは，具体的人間関係を少しずつ排除されていく個々人が，コンピュータ端末から社会的・地球的広がりをもった情報ネットワークをとおして，自発性に基づく意思決定や行動選択のやり取りをおこなう個人的自律性の進展を意味している。従って，個人の自律性とはこの意思決定と行動選択に際して外的拘束や障害がない状態を指している。企業においてであれば，個々人が，企業内の具体的な人間関係（コミュニティー）を伴わない孤立した労働（例えば個人責任原則の下での裁量労働）を行い，情報通信手段を駆使して，企業内・外のネットワークに参加するという個人の自律性である。

情報をとおした管理社会としての現代は，一方で，情報ネットワーク，インターネットなどの情報通信網が，企業の経営管理を中心とする今日の管理の社会的機能と構造を形成し，他方で，情報通信網にアクセスする孤独な存在としての個人的活動の自律性が享受されるという関係を成立させつつある。具体的な人間関係（コミュニティー）を徐々に解体しつつあり，一方での社会的・地球的規模での管理の広がりと強化，他方での知的・精神的世界での個人の自律性の深まりを享受する相互共生関係へと変化しつつある。

こうした変化の中で，この両極の間に位置している様々な性格の具体的人間関係（企業のみならず地域，学校，家庭なども含む）が変容し始めている。このことは，今日において，具体的人間関係の存在が，資本の運動あるいは企業活動，社会諸活動の成

立・維持・発展にとって必要不可欠なものでなくなりつつあるということを意味している。情報ネットワーク、インターネットなどの情報通信網が、具体的人間関係を代替する機能を果たしつつある。このことは、資本の合理性・効率性にとっては、企業内の人間関係においても、消費者を含む生活者の様々な人間関係においても、その具体的関係性は、無駄・余計な存在となりつつあり、排除可能であれば排除したいあるいは排除されるべき存在ともなっている。情報化・コンピュータ化に伴うところの情報をとおした組織、企業、社会は、労働者個々人にコンピュータ携帯端末、ファクシミリ、携帯電話、高速ポケベルを与えることによって、また消費者個々人をパソコン通信による電子商取引によって、教育においてもパソコン、電子黒板を媒体にした双方向（遠隔）教育によって、労力と無駄を省いた効率的な労働行為と消費行動と教育活動の実現を目指している。例えば、バーチャル・コーポレーション（仮想企業体）、バーチャル・ビジネス（仮想経営）、バーチャル・モール（仮想市場）、バーチャル・カレッジ（仮想大学）である。従来の具体的人間関係のコミュニティーではなく、情報ネットワークを介したバーチャル・コミュニティーが成立しつつある。

　こうしたことは、見方をかえれば、単に通信回線によって、人と人、人と物、物と物を結びつけているだけであり、ことさら問題とすべきものではないとも言えようが、情報通信網が急速に進展し、具体的な人間諸関係が、情報関係へと置き換えられるに際して、いかなる人間関係と人間の具体性がそこにおいて前提されているのか、そしてそれを変化させているのか、ということが重要な問題となる。そこでは、合理的・効率的に結ばれている人間

関係および便利さ・快適さを求める人間が前提にされている。そして，それを情報化によって推進・変化させている。この情報化の人間関係的基礎を明らかにすることによって，個人の自律性のあり様を見い出すことが可能となる。

2．管理概念における自律性

(1) 意識と精神における管理

社会，組織が成り立つには，人と人の関係，人と物の関係を，目的にむけて計画し，統制し，操作し，協働するといった管理機能の問題を避けてとおることは出来ない。また，人間が働き・生活していく上で，自らの意思決定と行為・行動に対する拘束（束縛）のない精神的・物質的活動の自律性獲得の問題を避けてとおることは出来ない。

これまで人間の自律性の獲得が，拘束・束縛といった管理との不断の斗いであったことを考えるならば，管理のあり様とは，自律性のあり様を拘束・束縛するところの中身を意味している。管理のあり様は歴史的・社会的に変化してきた故に，自律性のあり様の問題は，この管理のあり様の変化をふまえなければ明確に性格づけられるものではないと言える。ここでは，自律性そのものを論ずるのではなく，あくまで管理のあり様から自律性のあり様を論ずるものとする。

近代の管理概念は，ただ単に人間の自律性の拘束，労働の疎外，そして構想と実行の分離による構想の独占という側面だけでとらえられるものではなく，人間の内発的動機づけ，感覚・感情問題の把握，自己表現・自己実現の発揮を，管理の中身としてと

らえてきた。いやむしろ、この後者の中身にこそ管理概念の特徴が示されている。従って、人間にとっての自律性のあり様（変容）の歴史は、管理のあり様（変容）の歴史であるということができる。人間の自律性のあり様は普遍的なものではない。この管理の歴史的展開（変容）をふまえることによって、今日の自律性のあり様の問題と課題を明らかにすることができる。

社会および企業における今日的管理をとらえるということは、企業内諸関係および社会諸関係における個々人の意識・精神の総体の管理を意味する。管理概念が、人格強制的な管理－被管理関係という具体性を特徴とするのではなく、意識・精神における管理－被管理関係化という抽象的受容性を特徴としているが故に、管理の性格はすぐれて文化・思想論的なものと言える。このことは、人と人との関係がモノとモノの関係としてあらわれざるをえない資本主義社会（＝市民社会）にあって、意識の物象化とその物神性がとりわけ問われねばならないといった性格の問題でもある。

意識の物象化（自らをモノの担い手としてのみでとらえる意識）は、意識の構造化でもある。つまり、いかに目的にむけて能率的なシステム（構造）を構築するかといった点からのみ人間とモノ（商品、貨幣）と情報を扱う意識である。現代において物象化は、商品・貨幣メカニズムを媒介するものから、情報メカニズム（それはすぐれて人間の精神活動を内側から拘束するものである）を媒介するものへと展開している。資本主義管理は労働者および現代人の自律性の管理をその本質とする。

(2) 管理における自発性

今日の管理においてとりあげられる「自己表現」・「自己実現」

といった言葉の内容，そして今日の日本的経営での会社型人間から情報化に伴う「自発的人間」の要請へといった展開は，まさに労働者の自律性の獲得を問題としている。管理の今日的特質の解明は，管理概念をめぐる歴史的展開の考察をふまえねばならない。管理は，歴史的に蓄積されて，今日に至っている。これまで近代管理概念は意識と精神の問題を扱ってきた。この点こそが，管理概念の近代的特質であり管理論の基礎と言えるものである。その内容は，例えば，科学的管理法を創始したテイラー（F.W. Taylor）の「精神革命」論である。

「各従業員の最大繁栄というのは，同職の人たちよりも，高い賃金をとることばかりではない。各人を最高能率の状態に発達させ，そして生来の能力の許すかぎり，最高級の仕事ができるようにし，さらに進んでは，できるかぎりそういう仕事を与えてやることを意味する。そしてむしろこの方が高い賃金をとることよりも大切であると考える」（[1] 227 ページ）。

仕事の中身という質の面を労働意識のあり様と関わってとりあげている。賃金刺激だけでの労働者管理ではダメであるということを，20 世紀の初頭に問題としたのである。「最高能率の状態」，「能力の許すかぎり」，「最高級の仕事」ができるように各人に仕向けるということは，現代における管理－被管理関係にも十分通用する論理である。この「精神革命」の提唱こそがテイラー主義の根幹であり近代管理の基礎である。それは企業目的にむけての労働意識・精神の変容＝自律性の要請である。

その後の人間関係論では，例えばレスリスバーガー（F. J. Roethlisberger）が，「人間の協力が，論理の問題であるよりは，むしろ感情の問題であることを教えている。労働者とは，相互に

孤立した無関係な個々人ではない」（[2] 32 ページ）と述べる。管理のために，感情，モラール（労働意欲）の向上をとりあげる。それは，単に目的にむけての労働者個々人の意識・精神の変容の要請の問題にとどまらず，労働者の集団がもつ感情とモラールの側面をインフォーマル組織の問題としてとりあげるのである。人間関係論は，個人の気質・態度およびそれに影響を与える集団の心情と情況の理解の必要を 1920 年代に説いた。

日本的経営も，個々人の意識と精神のはたらきの中での，この集団の心情と情況にとらえられた管理機能を十全に発揮させた。そこでは，個々の労働者は，職場組織，職場人間関係への帰属意識を高めた。それは，集団のもつ特有の心情と情況の形成であり，インフォーマル組織の労働意欲におよぼす影響の問題であった。労働意欲はこの日本的集団のもつ特有の心情と情況によって形成される。それは人間関係管理をとおしての労働者の自律性の管理であると言える。

人間の「外からの管理」は，その管理を人間がいかに「内において受容しているか」の中身のあり様によって成立する。従って，管理の受容とは，社会的価値・規範におけるところの受容，また個々人の価値判断・意思決定においての自発的・能動的受容である。現代管理は，個々人に，意思決定と行動の自由を付与し，自発性・能動性という「自律性」を発揮させることであった。個人の自律性の発揮が管理の歴史的展開（変容）の中身である。

3．管理と自律の共生における人間関係の変容

(1) 具体的・集団主義的人間関係の変容

今日，管理性と自律性のあり様は，単に対立として関係づけられるよりも，共生として関係づけられる。このことは，今日，コンピュータ化・情報化の進展が物質的世界と知的・精神的世界を有機的・システム的に結合させる共生関係の物質的基礎を与えていることによって，より強固に築かれつつある。つまり，物質的世界と知的・精神的世界の二元論ではとらえられない相互浸透の世界がより強固に築かれつつある。例えば，ハイパー・リアリティー（実在を伴わない記号総体の世界），バーチャル・リアリティー（人工・仮想現実感の世界）と言われたりする世界の拡大である。このことが情報管理社会の基本的特徴と言えよう。すなわち，情報管理社会は，管理の強化と個人の自律性が相対立する関係としてではなく相互補完（共生）的に進んでいる社会である。

情報化・コンピュータ化の進展は，管理手段を高度化し，人間管理の強化を意味するが，それは，従来からのピラミッド組織型の管理強化でもなければ，上から下への支配－従属，管理－被管理といった一方的な関係管理の強化でもない。それは，いわゆるネットワーク組織型（対等平等型）であり，ソフトなイメージを伴った双方向の関係管理の強化である。そこでは，個々人は自律的に管理を受容している。それは，個々人の「外からの管理の受容」ではなく，個々人の「内における管理の受容」である。この管理受容のあり様の変化は，個人の自律性の獲得のあり様にも影響を及ぼしている。

ハイパー・リアリティー，バーチャル・リアリティーと言われる管理された記号現実，人工現実の中での自由の発揮にみられるように，われわれの日常の具体性を伴ったリアリティー感覚が変化しつつある。そこでのリアリティーは，個々人にとっての具体

的存在性と交錯しながらも、徐々にそれを伴わない記号世界が構成される中でのバーチャルな自律性のあり様への変化をみることができる。管理されている記号・人工世界（＝社会的管理）と共生している管理される個人の自律性である。その帰結は、個々人および人間関係の具体性を伴った自律性の世界から、記号・人工世界での自律性である。

それでは、管理性が組織・社会の側面からの個人へのアプローチを、自律性が個人の側面からの組織・社会へのアプローチを表わすとすると、社会の管理性と個人の自律性の共生のあり様のあらたな模索とは何を意味することになるのだろうか。それは、従来からの課題である「組織と個人」問題としてとらえることができる。すなわち、具体的人間関係の変容・解体としての組織変化と個人の自律性とを共生させるところのあらたな人間関係のあり様の模索を意味する。それは、企業の例で言えば、日本的経営、日本的集団主義の変容・解体（例えば「リストラ」＝整理解雇）の現実がさし示しているのは、従来からの集団主義的人間関係の崩壊であり、今後の企業と労働者の関係、組織と個人の関係の新たなあり様への模索という課題である。このことは、これまで企業・組織と個人を共生させる機能を果たしてきた具体的・集団主義的人間関係（日本的経営の内実）がコンピュータ化・情報化の進展に伴って変容・解体することによっている。つまり変容する組織の側から個々人の自律性が求められている。それは情報化を進めている企業の現実と論理からの要求である。例えば、電子商取引、CALS（生産・調達・運用支援統合情報システム）、インターネットなどは、企業内の閉鎖的な集団主義的人間関係、ケイレツと言われる企業間関係を変容・解体させている。

(2) 人間関係の形式化・数値化

このように，具体的な人間関係から抽象的（数値的）な情報関係への移行が，社会の管理性と個人の自律性との共生関係の人間関係的基礎と言い得るが，しかしその移行が即人間および人間関係の具体性（リアリティー）の変容を意味するのではない。広く捉えれば，情報関係はいつの時代にも存在している。ここで問題として取り上げる情報関係とは，資本の論理と企業活動の現実の下での形式化・数値化の進展が，具体的・人格的な人間関係を含めたあらゆる関係を支配し一元的な人間関係を形成するということである。つまり，人間と人間の関係，人間と物の関係の現実性・具体性といった本来のリアリティーが，情報と情報の関係の形式化・数値化に一元的に置き換わりつつある。ここでは人間および人間関係の具体性（リアリティー）の変容がある。

情報管理社会の現実性というものは，情報の量と「質」（あくまでも量に還元できる質）のあり様の変化に基づいて抽象的に存在している。例えば，物的所有よりも知的所有に経済的・社会的価値のウエイトを移行させており，今日の企業は，商品そのものの具体的な生産・流通・販売よりも，商品情報の抽象的な処理・操作・管理に企業活動の現実性（競争優位，利潤獲得の現実性）をおいている。情報活動の失敗が，即企業活動の失敗と言われる時代である。生産現場，流通・物流現場，小売現場も，そこでのリアリティーは，具体的な人間相互の意思・行為のあり様であるよりも，情報相互の処理・操作・管理のあり様にある。

生産の場では，必要な時に必要な量だけのジャスト・イン・タイムの生産システムによって多品種少量生産がおこなわれている「かんばん」方式は，現在コンピュータによる情報システム化に

よって，消費者のニーズに応え，無駄のない効率的な生産を行っている。流通・物流の場では，流通 VAN によるメーカー，卸売業，小売業の多様な企業間でのネットワーク化が可能となり，取引業務の効率化，商品の受発注，在庫管理が合理化されており，顧客情報管理による販売戦略の策定，ロジスティックス・センターにおける物流情報ネットワークの構築などである。小売の場では，POS システムによる商品の適正在庫量，発注時期，発注量の情報システム化によるリアル・タイムの商品管理である。また，今日の教育現場のリアリティーは，人格的な教師－生徒相互の関係であるより，偏差値情報の相互の処理・操作・管理にあるようになっている。偏差値が低ければ，行きたい大学に入れない，一流企業に行けない（「就職偏差値」の存在），さらには豊かで幸せな生活ができないというリアリティー（具体性）である。偏差値の高低が豊かで幸せな生活がおくれるか否かというリアリティーを伴って存在している。情報管理社会は，われわれの日常のリアリティーを，情報の抽象性（形式性，数値性）へと変容させ，具体的人間関係を日々変容・解体させている。

このように具体的人間関係が抽象的情報関係へ移行するとは，形式性・数値性による情報の一元的処理・操作・管理，あるいは利潤にむけての情報の一元的処理・操作・管理がリアリティーをもつことである。具体的な人間の営みは，すべて形式性，数値性の論理によって処理・操作・管理されることになる。数値制御情報（プログラム情報）の処理・操作・管理が生産現場の人間関係の中身に置き換わり，顧客データの処理・操作・管理が小売業と消費者の関係の中身に置き換わり，POS データによる価格設定と在庫率（商品発注時期と量）が商売の中身に置き換わり，偏差

値の処理・操作・管理が学校内人間関係の中身に置き換わるようにである。抽象的情報関係への移行は，経済の論理が企業活動の枠を超えて，あらゆる社会・生活分野と領域へと広がり，同時に人間の内面的（知的・精神的）なものへと深く関わっていくことを意味している。こうした中で今日の個人の自律性のあり様が規定される。

4．「情報的理性」と情報システム

(1) 「孤独」な主体の自律性

では，このように経済の論理・企業活動の現実の下で，情報関係が進展していくことは，人間の内面にいかなる変化をもたらすのであろうか。それは人間関係の具体性の煩わしさからの逃避志向と多くの情報の中に自らを置くことによって安心・安定を得ようとする志向の増大である。個々人の意思と行為のあり様が，数値的なもの・記号的なもののあり様に置き換わるという内面の変化である。それは例えば具体的な商品の素材的価値よりもブランド・イメージといった「情報化価値」にウエイトがおかれる。それは具体的な人間と人間の関係に価値がおかれる「人間関係的充足」からの逃避志向であり「情報関係的充足」への個々人の志向の増大である。

情報関係の進展の中で，個々人の主体性は，具体的な人間関係の中での緊張・矛盾・対立関係から得られる個人の自律性（統一的な自我の意識をもち自由な意思決定が出来る個体性）ではなく，情報関係の中での情報の処理・操作・管理を発揮する能力の程度としてとらえられる。つまり，自律性のリアリティーは，情

報関係の中で発揮されることになっており,そこでの処理・操作・管理の能力の優劣(それも可能なかぎり数で計算できる優劣)の動機づけに基づいて発揮され,そして評価されることになる。

情報関係においては,人を「孤独」(仲間のいないひとりぼっち)にはさせるが,人を「孤立」(一人だけ他から離れてつながりのないこと)にはさせない。具体例で言えば,カード化社会では,個人のプライバシーは筒抜けであり,顧客情報に基づいて個々人に頻繁にDMが送られ,信用調査・信用管理が進んでいる。情報関係は個人をほっておかない。情報関係が,知的・精神的なものを含めて個人を徹底して取り込み,知的・精神的な主体は情報関係の中に組み込まれている。労働者の自律性は,SIS(戦略的情報システム),CALS(生産・調達・運用支援統合情報システム)といったシステム内で発揮する。現代は,IT(情報技術)を用いるコンピュータ・マインド(二者択一的思考)をもったインフォマン(情報人間)の活躍する時代である。情報システムは人を「孤独」には追いやるが「孤立」させない。

情報による関係づけの中の個人の自律性において個々人は「情報的理性」を強く求められることになる。「情報的理性」とは,情報の処理・操作・管理が,特定の目的のための実用的手段という役割を超越して,人間が自分の属する世界を象徴的に再構成する際に,その構成要素としての位置をしめる理性である。「情報的理性」をもった「孤独」ではあるが情報関係に強く結びつけられた主体が情報関係のインテリジェンスを担うのである。そこでの主体は,情報システムの中で活躍し,企業内情報関係から国際的情報関係へと活動範囲を広げている。「手段的理性」は道具・

手段(ハード)による「自己－他者」世界の再構成であるが,「情報的理性」はソフトという人間の知的・精神的なものを内に含めての情報(ソフト)による「自己－他者」世界の再構成である。つまり,「情報的理性」は,インターネットという情報関係の中での競争世界において,自らの知的・精神的なものの処理・操作・管理を行うところの「ゲーム的理性」といった内容のものである。ゲームをする当人は「孤独」(ひとりぼっち)ではあるが「孤立」ではない。ここでの主体は自発的・積極的にゲームに埋没する「内面化された自律性」(目的に向けての知的・精神的なものに強く動機づけられる「孤独」な主体の自律性)である。例えば,ファミコン・ゲームへ埋没する個々人は,「孤独」ではあるが,ゲーマーが媒体となって他の多くの人々と結びついている。

(2) 「自律性を与える」管理

　一般理論としては,システム化とは統合化と個別化の同時進行を意味する。そして,情報のシステム化とは,知的・精神的なものの統合化と個別化の同時進行である。それは情報媒体によって強く関係づけられた人間の「孤独」の進行である。例えば,偏差値情報は個々人に示される個別数値であるが同時に統合化された数値であり,コンピュータ携帯端末をもって営業活動を行っている営業マンの個別情報は同時に全社的にネットワーク・マネジメントされている統合情報であり,個々の金融・証券ディーラーの為替取引・株式売買は全世界的にネットワーク・マネジメントされている統合情報である。システムの中にある個別情報は単独で存在するものではない。それはシステム化(統合化プラス個別

化)された情報である。情報システムの中の個人の活動は，個々人の自己裁量にまかされている（例えば裁量労働制の拡大）ように見えるが，統合化された情報を介した組織活動・管理機能を不可避に伴っている。それは「管理された情報」をめぐるゲーム（競争）を楽しむ個々人の自発的・積極的活動と言い換えてもよい。

そこでは，自己裁量（ひとりぼっち）の状態が与えられれば与えられるほど，統合的情報の機能（関係づけ）の状態は一層強化されることになる。また，逆に，統合的情報の機能（関係づけ）が高まれば高まるほど，個々人に自己裁量（ひとりぼっち）の状態を一層与えることになる。こうした統合的な情報による管理性（関係づけ）と自己裁量的な個人の自律性（ひとりぼっち）の共生関係が，情報システム化における主体のおかれている性格づけである。これは，管理の近代的形態，例えば構想と実行の分離によって労働者の自己裁量を奪ったり，労働の疎外によって労働者の仕事上の自立性を奪ったりする管理ではなく，自律性を積極的に「与える」ところの管理である。つまり，「自律性を奪う」管理から，「自律性を与える」管理への変化である。この管理の現代的形態が情報管理社会の現実である。個々人に自律性が与えられるほど管理が進展しているということである。そこでは，これまで対立していた構想と実行，目的と手段，管理と被管理のそれぞれの対立関係が共生し始めている。構想と実行は情報通信関係でリアル・タイムに結ばれ同時化し，目的と手段は縦関係でなく横関係のネットワークとして相互に混在一体化し，管理と被管理は固定したものではなく空間的・時間的にフレキシブルに入れ替わるといった共生関係である。情報管理社会としての現代市民社

会は,「管理性と自律性の共生」,「組織と個人の共生」という関係に, その新しい特質をみることができる。

5. 21世紀市民社会における個人の自律性

ただ, 狭い「情報的理性」(=「ゲーム的理性」) が活躍する世界といえども, 管理性と自律性が, はじめて社会的規模で共生しえているという側面を積極的にとらえ返すこともできる。リアリティーが具体的存在性に拘束されないということは,「情報的理性」(「ゲーム的理性」) の中にあるイメージ (表象) 活動, 感覚の働き, 理性の役割が, 自由に表現しうる可能性もあるということである。ただし, 経済の論理と企業活動の現実という狭い世界のルールにシステム的に管理されている限りでは, その可能性は閉ざされたままである。

実質的な社会的管理のシステムを超えるイメージ, 感覚, 理性の個人的自律性を拡大させることによって, もうひとつの社会的管理の枠組を設定することも可能となる。だが, この「もうひとつ」の意味は, 単に選択肢をもうひとつおくということではない。それは, 既存の枠組 (構造) に対する批判としての, 既存の枠組 (構造) そのものの性格 (経済の論理と企業活動の現実) の相対化であり, さらに既存の枠組 (構造) そのものの性格と切り結ぶところの「もうひとつ」である。そうであるが故に, 具体的人間関係の減少および解体をもたらしている情報関係の拡大の現実との緊張・矛盾・対立を抜きにしては, イメージ, 感覚, 理性の「もうひとつの自律性」が拡大することはない。

情報関係の新たな形成は, 具体的人間関係の新たな形成と絡め

ることが重要である。実質的な社会の管理性と形式的な個人の自律性の2つの領域に乖離させるところの今日的な人間関係の変容・解体を促進している情報管理社会（現代市民社会）の現実に対して，形式的と言えども個人の自律性に基づく具体的人間関係の形成によって，実質的な社会の管理性そのものの性格と切り結び，その枠組（構造）をこえることが可能となる。管理は，いかなる時代・社会においてもその存立のために避けられないものであるが，現代における管理は，情報化の進展によって知的・精神的なものを対象化・物象化し，情報システム化がおこなわれ，システム内の人間をその内面から管理することを本質としている。それ以前の時代の管理は，具体的・物質的なものであり「外面からの管理」である故に，管理を打破することによって個人の自律性を獲得するということであった。しかし，社会の管理性と個人の自律性が共生する現代の情報管理社会の時代にあっては，個人の自律性のあり様が社会の管理性のあり様に直結している故に，社会の管理性の具体的・実質的なあり様（情報関係）と切り結びつつ個人の自律性の新たなあり様を模索することが課題となっている。ここでの個人の自律のあり様の模索とは情報関係と切り結ぶところの具体的人間関係を積極的に形成する自律性の模索である。

　結局，現在，情報化による経済の論理のあらゆる分野・領域への拡大によって，管理が徹底され，社会が情報管理化されることによって，我々のイメージ，感覚，理性の世界も情報関係に押し込められてきている。この枠組（構造）以外の世界を探すことが困難になってきている。今日，宗教も，学問・教育も，プライベートな人間関係も，情報関係の枠組（構造）の内に押し込めら

れ，形式合理性というゲームの世界に管理され，そこでの自律性が与えられているに過ぎない。しかし，われわれは，この自律性の世界から，イメージ，感覚，理性の「もうひとつの自律性」を拡大していくしかない。

　質を異にするが，管理は，いかなる時代においても社会・組織が存立する上で不可避である。この管理性と自律性の共生が物質的にも精神的にも特徴づけられる情報管理社会が今日成立している。この管理社会の枠組を，そこで付与された個人の自律性の側から広げていく「もうひとつの可能性」を試みることが，21世紀市民社会を展望するわれわれの課題であろう。

参考文献
[1] F. W. テイラー，上野陽一訳編『科学的管理法』産業能率短期大学出版部，1969年。
[2] R. J. レスリスバーガー，野田一夫・川村欣也訳『経営と勤労意欲』ダイヤモンド社，1954年。
[3] H. A. サイモン，松田武彦・高柳　暁・二村敏子訳『経営行動』ダイヤモンド社，1989年。
[4] 重本直利『管理する情報―"情報的理性"批判―』こうち書房，1994年。
[5] 重本直利『社会経営学序説―企業経営学から市民経営学へ―』晃洋書房，2002年。

［重本直利］

II
現代企業と個人の自律性──理論と現実

第4章

個人の自立性と組織・管理スタイル

```
─キーワード：個人の自立化，自立人モデル，組織内の自立化─
　　　　　　と組織外の自立化，変革型のマネジメント，従
　　　　　　来型のマネジメント
```

1. 組織と個人のかかわり方の変化

　かつて日本経済が「右肩上がりの成長」を続けていた頃，企業において終身雇用と年功序列が保証されていた頃，個人は仕事の中に「やりがい」を見出し，組織に対して忠誠を尽くすことは当然のこととして考えられてきた。彼等は，会社で働くことを生活の中心に置いていたため，「会社人間」「組織人」と称された。

　ところが，近年，そのような考え方に対して疑問を持つ個人の数が増加してきている。これらの個人は，従来型の「会社人間」に比べて，組織よりも個人を優先させることが多い。また，「組織人」に比べて意思決定を自立的に行うという傾向もみられる。

　本章では，近年増加しつつあるこのようなタイプの個人を「自立した個人」すなわち「自立人」とし，その特色に関して考察を試みる。またさらに，組織や仕事と，自立人のかかわり方についても検討を行う。

2. 経営の変化と個人の変化

(1) 経営の変化

まずここでは，環境への対応から起きた経営の変化について，整理してみたい。

かつて，「三種の神器」が成立していた我が国においては，個人の生活の中で「仕事生活」が大きなウェイトを占めていた。そのため，「自分らしく生きること」，すなわち，個人の自己実現は，仕事を通じてなされてきた。多くの場合，仕事は複数の個人が集まった職場において行われるため，個人は，職場という組織の中で仕事をすることを通じて，自己実現することとなった。複数の個人からなる職場では，集団を乱す者や集団をはみ出す者は忌避される傾向にあった（出る杭は打たれる）。これによって均一な個人の集合となった日本企業は，いわゆる「日本的経営」を武器にして，グローバルな市場を席巻していった。

1990年代前半にバブルが崩壊すると，日本経済の成長は急停止し，それまで日本企業の躍進の鍵とされていた「日本的経営」が原因として批判され始めた。つまり，日本的経営の終身雇用制や年功序列制は人事の硬直化を招き，集団主義は横並び意識につながり，革新的な人材が活用されにくくするのである。そして戦後から高度成長期に培われた組織文化もこのころには硬直化し，意思決定や経営のスピードを削いでいった。

このような状況を打破するため，バブル崩壊後，日本企業は様々に対策を講じてきた。

何よりも経営環境の加速化に対応するため，「スピードの経営」

「柔軟な経営」が追求されてきた[1]。同時に、当時急速に技術革新が進んだITを導入することで、組織の構造をフラットかつ柔軟なものに転換（リストラクチュアリング）していった[2]。

そして、真に有能な人材の登用を目的とした、年功重視型から業績重視型への人事評価制度のシフトが行われている。

(2) 個人の変化

このように経営環境への対応を図るべく経営と組織の変革がなされたわけだが、それは同時に、そこに働く個人にも変革を求めることでもあった。

スピード経営には、現場に近いレヴェルでのすばやい意思決定が必要となる。また組織のフラット化やフレキシブル化は、個人へのより大きな権限委譲がともなう。つまり、現場で素早い意思決定を行うために個人は、今まで以上に高い能力と責任が求められることとなった。そして、そこでは年功ではなく、業績を重視した評価がなされた。

これにより個人は、より高い能力を身に着けるための自己啓発を余儀なくされている。また大幅な権限委譲を実現するため、意思決定や行動を積極的に行おうとする姿勢が常に求められる。さらに、変化に対するフレキシブルな対応をなすための柔軟性や創造性も求められているのである。

個々人が柔軟性・創造性を保つためには、当該個人の所属する組織内に、「価値観の多様性」が存在することが前提となる。このことは、かつての「日本的経営」で行われていたような均一な管理の考え方とは矛盾する。従来型の管理手法で想定されたような単一の価値観にそって思考行動する人間にはそぐわないのである。

これらの点から，近年見られる経営のシステム変革は，そこに働く個人（人間モデル）の変革と相互に強く関連しあっているといえる。このような経営システムに適合する新しい人間が，「自立人モデル」である。

3. 自立人のための「変革型」組織と管理

(1) 自立人モデル

企業における組織や管理の在り方の変化から，次のような「自立人モデル」の特色が浮かび上がってくる。

① 自主的・自立的に決定・行動する。

② 柔軟性・創造性に優れている。

③ 高い（専門的）能力を持っている。

現在，激変する環境変化への適応は，企業にとって不可避であり，その結果，より自立性の高い個人に対するニーズが高まっている。

かつての経営学で想定された人間モデルでは，組織内においては個人よりも組織を優先することを当然としていた。例えばバーナードの全人モデルにおいて，個人に自由な意思決定能力があるとされており，一見「自立人モデル」と違いはないように思える。しかし，組織内での個人人格と組織人格のバランスに関しては，「組織人格（組織・集団）が優先」されている。このことから，「個人目的の達成を優先させる」こと或いは「その達成によって自己実現を果たす」ような個人は，必ずしも求められてはいなかったと考えられる。さらにそのような「個人」が組織内において求められなかったのは，組織の管理は勿論，組織の意思決

定も(そしてそのために必要な権限と責任も)すべて,管理者こそが担うべきものとされたためである。つまり,個人には「自立的な意思決定能力がある」とされたものの,組織を構成する一般の個人はあくまでも「命令に従う存在」であり,その能力の行使は,管理者以外には期待されていなかったのである。

とはいえ,組織以外の場においては,個人人格の発揮も妨げられてはいないのであるから,「個人らしさ」つまり「自立性」の発現は,組織内においてのみ制限されていたと言える。

しかし,既に述べたように,今日の組織論は,組織内で多様な価値観を持つ自立した個人を尊重し,組織内での「個人の自立」を目指す方向にシフトしつつある。

では,個人が組織内においても自立し,個人目的の達成を直接的に行い,さらには自己実現を図るためには,どのような組織が,そして,どのような管理が必要なのであろうか。続いて,この点について整理する。

(2) 「変革型」の組織・経営

自立人を前提とした組織構造や管理方法は,既に多くの企業が取り入れつつある。組織構造としては,タスク・フォース,プロジェクト・チーム,ネットワーク型組織,などがあり,管理手法としては,MBO (management by objectives) などがある。いずれも,組織を構成する個人の高い能力を前提としており,彼らの柔軟性や創造性を活かすものである。(本章ではこれらの組織構造や管理手法を,「変革型」と呼ぶこととする。)

例えば,「変革型」手法の一つであるプロジェクト・チーム[3]は,解決が素早く高い水準でなされること,また討論を通じて新

たな創造性が発揮されるというメリットがある。これは，選抜されたメンバー各々が高い専門知識を持っているためである。

ところが，プロジェクト・チームのパフォーマンスは，選抜メンバーの能力に依存しているため，メンバー全員が高い水準の専門知識・能力を有していなければならない。また高い能力を有する個人は自立性が高い傾向にあるとはいえ，柔軟性が不足している場合には，チームとしての創造性は発揮されない。さらに，複数の部署にわたる課題解決を行うというこの組織の特性から，チームの設置は一般的にトップ主導で行われる。そのうえで，チーム・メンバーには大きな権限が委譲されるため，自主的・自発的なスタンスが求められる。

このプロジェクト・チームに代表されるような近年の組織構造・管理方法における「変革型」スタイルの導入は，組織内で働く個人に，高い能力と，自立性・自主性・創造性を前提とした制度，つまり「自立人モデル」を前提とした制度といえる。

4．自立人の種類―組織と個人と自立―

(1) 組織内での自立と組織外での自立

このように，「変革型」の経営管理は，「自立人」を前提としている。

これによって，個人には高い能力・自己責任といった負担が加えられるが，能力の高い個人にとってはチャンスであるととらえられ，若年層での評価は比較的高い。また「日本的経営」が陥っていた閉塞感を打破するには有効であるとの観点から，多くの企業が導入あるいは計画にいたっている。

ここで、自立人と従来型の人間モデル（非自立人）の違いを整理してみたい。

表4-1　個人の変化について

	タイプA　（非自立人）	タイプB　（自立人）
目的	組織目的を優先	個人目的を優先
コミットメント	組織や会社が対象	仕事や職務が対象
価値観	均一な価値観	多様な価値観
意思決定・行動	非自主的・非自立的	自主的・自立的
創造性の発揮	規制される	奨励される
組織構造 管理手法	従来型スタイル	変革型スタイル

このように、組織内の仕事に対するスタンスは、自立人と非自立人では大きく異なっている。そして、スピードの経営実現を目指した変革に適合するのは、自立人である。

しかし個人のあり方をとらえるには、組織や仕事だけを基準にして考えるだけでは、もはや充分ではない。かつては、組織内での仕事を最重視することがごく当たり前のように考えられてきたが、現在では、「個人の生活の中でどれを最重視するか」についても、多様な価値観が存在している。そしてそれにともなって、「仕事以外での自己実現」や「組織外での自己実現」をする個人が増加しつつある[4]。仕事生活・社会生活・家族生活・個人生活などから成り立っている個人の生活のうち、仕事生活以外のものを優先する個人が、価値観の多様化とともに増加しており、組織内での自立人のみを対象としたシステムは、真に価値観の多様性を実現するという意味において十分とはいえないのである。

ここで、個人の生活を仕事中心とそれ以外を中心とするものに分け、さらに、それぞれにおいて自立しているか否かによって、以下のように分類する。

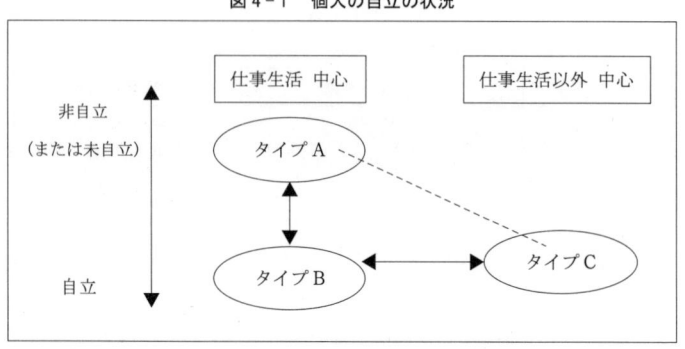

図4-1　個人の自立の状況

```
┌─────────────────────────────────────────────────┐
│        ┌─仕事生活 中心─┐    ┌─仕事生活以外 中心─┐  │
│  非自立                                          │
│ (または未自立)   ( タイプA )                      │
│                      ↕         ╲                │
│                                  ╲              │
│   自立         ( タイプB ) ←→ ( タイプC )         │
└─────────────────────────────────────────────────┘
```

つまり、従来型の組織において想定されていたのは、「タイプA（会社人間型）」であり、現在、企業の変革の際に念頭に置かれているのは「タイプB（仕事人型）」である。ただし、この個人は、自立はしていても、自己実現は仕事を通じてなされる（仕事生活重視）。したがって、仕事以外での生活での自己実現を求めるような自立人「タイプC」は想定されていない。

個人の生活全体の中でどの生活を優先するかは多様化しており、必ずしも仕事生活を最上位に置かれるとは限らない。仕事生活よりも個人生活や家庭生活を重視する個人の存在は、もはや珍しくはないのである[5]。「3-(1)」で整理したような自立人の要件は、必ずしも「組織内での仕事」にのみ合致するのではなく、それ以外にも該当する。

このような個人は、各々が何を優先すべきかについて固有の価値観を持ち（価値観の多様性）、それに基づいて活動している。

彼らは，組織目的の達成に向けての努力（貢献）が個人目的の達成と矛盾しない範囲内では，組織目的に向かって努力をはらう。いうまでもなく，2つの目的が一致する場合には，実に積極的な貢献を果たす。しかし，個人目的の達成を最優先に置く彼らは，組織目的の達成が，個人目的の達成の妨げとなるような場合には，当該組織から離脱することすら辞さない。

そのため，多様な価値観を有する個人を，ひとつの組織として管理・統合するには困難がともなう。

(2) **自立のタイプについて**

自立の状況と仕事生活の重要度によって，個人を先述の3タイプに分類した。しかし，「仕事生活を中心においた自立人ではない」という観点に立つならば，タイプAとタイプCは区別ができない。組織目的と合致しないような個人目的を優先する「タイプC」のような個人は，仕事を最重視しないため，一見すると「タイプA」との区別がつかず，非自立型に見えるのである。

そのため，組織が個人を管理する場合は「自立人／非自立人」，つまり「タイプB／非タイプB」という区分でしか対応されないことになる。

タイプAは，非自立人であるので，変革後の組織や管理手法に対しては適合しがたい個人である。このような個人は，どちらかというと「組織内で」仕事をすることを重要視するため，むしろ従来型の管理スタイルを好むと考えられる。また，能力などの点で自立人になりきれない個人も，従来型での管理が適合すると考えられる。

しかし，本質的に自立しており，高い自立性・自主性・創造性

をもつタイプCは，彼等の個人目的が組織目的と合致する場合，例えば当該組織の組織目的のための活動が個人目的充足に寄与するような場合（組織目的が個人目的と隔絶していない場合）には，タイプBとして組織に対して非常に大きな貢献をなす。このとき，彼らに対してはタイプBとしての変革後の管理手法が適合する。

タイプCがタイプBに転換するか，タイプCのままとどまるかは，当該個人のもつ個人目的と，組織目的との間のズレであると考えられる。このズレが小さい場合にはタイプBに転化し，そうでない場合にはタイプAと同様の非自立的行動を組織内でとることとなる[6]。

タイプBからタイプCに転化した個人は，その自立性ゆえに「革新型」のスタイルに適合する。このとき，これらの個人は高いパフォーマンスを実現するがゆえに，管理統合のコストは相対的に小さくなる。

組織目的自体は，組織の存続・成長にともなって変化するものであるし，また個人目的も組織目的と近い方向に変わる可能性はあるのである。このことから考えて，異なるタイプの個人を組織に誘引しつつ，個人の自己実現を図るためには，次のような点に留意する必要がある。

① タイプCがタイプBに転化するルートを確保すること。

② タイプAに対する教育訓練を通じて自立化を促すこと。

さらに，組織の継続的な成長のために，次のことを手立てする必要がある。

③ 能力の高いタイプBの人材を組織に引き止めること。

5. 個人の自立化のために

次に、上述のようなポイントを実現するための具体的な方策について考えてみたい。

① タイプCがタイプBに転化するルートを確保すること。

先述のように、自立人であるタイプCがタイプBに転化するのは、組織での仕事が個人目的の充足に寄与する場合である。

彼らは明確な目的・価値観を有しており、当該組織での仕事の内容が、個人目的にどの程度寄与するかに敏感である。寄与の程度が小さければ、組織における自立人としての貢献を速やかに停止し、組織外での自己実現に向かってしまう。したがって組織は、提供する職務が彼らの個人目的に近しいように設定すること、彼らの望まない職務を含まないこと、に留意する必要がある。この点は、職務内容を明確に規定することによってクリアできる。具体的な職務内容を明示することで、個人とのズレを抑えることが可能となる。中途採用時や専門職[7]の採用に際しては既に一般化してはいる。しかし、組織側はなるべく小さな採用コストで、質の高い人材を確保しようとするため、職務は広めに設定される傾向がある。さらに採用後に、事前に示されていたよりも広い職務を担当させられることも多い。そのため「職務内容を明確にする」ことは、十分に実現されているとは言えない。

この点は、今後さらに検討が重ねられるべき課題である。

② タイプAに対する教育訓練を通じて自立化を促すこと。

環境変化の速度が現在のように激しい状況下においては、柔軟な対応が不可欠であるため、自立人が求められる。それゆえ組織

は自立人を求め，組織や管理のスタイルを「変革型」に変えてきた。そして個人の価値観も次第に多様化し，自立人は増加傾向にある。

しかしながら，自立化は実質的に各個人の努力に委ねられており，体系だった教育訓練・支援の手立ては講じられているとはいえない。その結果，自力での自立化が困難な個人は，変革の波の中で自らの存在意義を見失い，「非自立人」として，厳しい立場におかれている。

従来型のスタイルの中に「組織人」として存在し，実績を上げてきた個人は，従来型に馴化した程度が高いほど，現在の「変革型」への対応が困難となり，厳しい立場におかれている。柔軟性や自立性を失わないためのプログラムを組織内に保持することが，組織的課題といえる。

③ 能力の高いタイプBの人材を組織に引き止めること。

自立化した質の高い人材が組織に加わったとしても，人材が短期間で入れ替わることは，組織にとって得策ではない。勿論，人材の入れ替わりは，新鮮さや柔軟性，価値観の多様性を組織に保つ上では，効果的である。しかし，それでは，コア人材の育成や知識・熟練の蓄積ができず，長期的観点に立ったとき，組織としての競争優位を失わせることとなる。

したがって，組織の機能（職務）を長期的関係を前提とする部分と，短期的関係を前提とする部分に分けることが有効であろう。例えば，組織文化やヴィジョンなどの醸成に関わる中核（基幹）部門は，長期的な関係が基本とされよう。また，魅力的な組織文化やヴィジョンは，タイプCの人材の価値観に働きかけ，組織目的と個人目的との「ズレ」を埋める役割を果たしてもいる。

このような自立性において異なるタイプの個人を組織として統合するに当たっては、複数の人事制度を組み合わせ多様な選択肢を備えることが必要である。女性の社会進出、労働市場の流動性、情報技術の高度化、高齢化など、自立化以外にも多くの要因が相互に関連しあい、さらに複雑な様相を呈している。組織が適切と思われる経営管理スタイルを提示するだけでは、組織内の個人に対する方策としては、不十分なのである。例えば組織は、上述のような枠組みを採用した場合、職務内容とそのために必要な知識・能力を明示すること、内容によって中核的職務と周辺的職務に分類すること、雇用関係を長期と短期に分けることが求められる。それにより個人は、自らの能力や希望（ニーズ）に応じて、組織に参加することが可能になる。

法律や保険制度等、クリアすべき課題は残されているが、やがては、個人の価値観に対応するような勤務形態や雇用形態の多様化[8]が実現されることとなろう。

6．自立人の経営学をめざして

経営学はその成立以来、多くの理論や手法を生み出し発展してきた。そしてそのプロセスは、同時に、それらが基本とする人間モデルの発展でもあった。そのことが、個人の生活が豊かなものとする一助になったと思われる。

我が国の企業経営の場においては、この20年間で個人の自立化が進展した。女性の社会進出、高齢化、国際化、労働市場の流動化など考慮すべき要因は多様で複雑ではあるが、今後組織構造の変革や管理手法の導入・修正にあたっては、自立性の問題も重要

な要因と位置付ける必要があろう。

そして，このような個人と経営・社会の変化は，新たな経営学理論や手法を要請し，更なる発展を導くであろう。

注
1) 例えば，取締役改革として行われた執行役員制度の導入や，経営責任の明確化を目的としたカンパニー制の導入が，これに当たる。
2) 実施されたリストラクチュアリングは，人件費削減を目的としたネガティヴなものも少なくないが，ここでは，リストラクチュアリングの積極面を取り上げている。
3) 複数の部門にまたがる問題を解決する為に，関係部署（通常は5〜6）からメンバーを選抜して作られる組織である。問題解決後，チームは解散し，メンバーは元の部署に復帰する。復帰後彼らは，自らが立案したプランの推進役・伝道者となって実現に力を注ぐため，変革の熱を組織全体に広げることができる。例えば，日産リバイバルプランの作成を担ったクロス・ファンクショナル・チーム（CFT）がある。（ダイヤモンド・ハーバード・ビジネス・レビュー　2002年2月号参照。）
4) 筆者が大学生を対象として2003年に行ったキャリア・アンカーに関する調査では，専門知識やスキルの向上を重視する専門職志向（SE）と，個人のライフスタイルの確保を重視する個人生活志向（LS）に分類される人数が，組織を重視するものよりも多く見られた。
5) 仕事生活を個人生活或いは家庭生活よりも下位におき，仕事生活で多少の不満があったとしても個人生活或いは家庭生活で自己実現を果たすことで，全体として満足度の高い生活を送っている。
6) 尚，このときのタイプCと，タイプAとの根本的な違いは，繰り返し強調しているように，生活の中心に「仕事生活」をおいているかどうかである。タイプCは，仕事生活以外に重視している生活があるため，当該個人が最優先する生活を仕事生活が妨げるような場合には，その仕事を提供している組織から脱退することになる。
7) プロフェッションについての統合については，太田　肇（1994, 1996）を参照のこと。
8) 例えば「パートタイムの専門職」や「プロジェクトごとに契約する正社員」の可能性についてはハンディ（C.Handy）の著作を参照のこと。

参考文献
[1] C.I.Barnard, *The Functions of Executive*, 1938.（山本安次郎・田杉　競・飯野春樹訳『経営者の役割』ダイヤモンド社，1968年。）
[2] C.Handy, *The Age of Unreason*, 1989.（平野勇夫訳『価値逆転の時代』TBS

ブリタニカ,1994年。)
[3] C.Handy, *The Age of Paradox*, 1994.(小林 薫訳『パラドックスの時代』ジャパン・タイムズ,1995年。)
[4] H.Mintzberg, *Mintzberg on Management*, 1989.(北野利信訳『人間感覚のマネジメント』ダイヤモンド社,1991年。)
[5] 金井壽宏『ニュー・ウェーブ・マネジメント』創元社,1993年。
[6] 太田 肇『日本企業と個人』白桃書房,1994年。
[7] 太田 肇『個人尊重の組織論―企業と人の新しい関係―』中公新書,1996年
[8] 渡辺 峻『キャリア人事制度の導入と管理』中央経済社,2000年。
[9] 渡辺 峻『人的資源の組織と管理』中央経済社,2000年。

［前田東岐］

第5章

人材マネジメントと"自立した個人"

キーワード：自立した個人，会社人間からの脱却，契約・信頼関係，成果・役割，熟練知識労働者，人的資源，社会契約の崩壊，発言権(力)，次世代型組合

1．"自立した個人"とは

(1) "孤立した個人"から"自立した個人"へ

"自立した個人"とは，わが国の経済・社会の変革を主張するビジョンでは，「『自己責任』で行動し，政府や企業に頼らずに，『自助努力』で生きていく」（[1] 9ページ）個人を指していた。具体的には，勤め先を解雇されてもすぐに再就職できるように自助努力で職業能力を高めるとか，自己責任で起業して独立するとか，あるいは老後の生活資金は必要最低限以上に公的年金はあてにせず，自助努力で貯蓄し，自己責任で投資する個人であった。だが，こういった"自立した個人"は，日本経済団体連合会（日本経団連）会長の奥田　碩氏によれば"孤立した個人"（[1] 10ページ）である。

日本経団連は，2003（平成15）年2月に『活力と魅力溢れる日

本をめざして』(以下『新ビジョン』)を出した。そこでは、"自立した個人"とは、「個人の多様な価値観，多様性を力にする」、「『公』を担うという価値観が理解され評価される」、「『精神的な豊かさ』を求める」、「多様性を受け入れる」という4点を理解し、その実現に努力する個人とされている（[2] 56ページ)。多様な能力と価値観を開花させた個人こそが"自立した個人"なのである。

　では、多様な能力と価値観とは何であろうか。奥田氏は、横並びの風潮や結果だけを同じにする風潮をキャッチアップ時代の遺物として「嫉妬の経済」と呼び、それを個人の志が最大限に尊重される経済である「賞賛の経済」へと転換していくことが必要だとされる。「賞賛の経済」とは、「私たち一人ひとりが『他人と同じか、それ以上』ではなく、『昨日の自分より今日の自分、今日の自分より明日の自分』という考え方で努力し、進歩していくこと。そして、そのチャンスが平等に与えられること」（[1] 36～37ページ）を指している。そこでは、「それぞれの進歩によって生じる格差は当然、認められなければ（傍点は伊藤、以下同じ）」ならないし、「経済の活力に結びつくような格差の存在は、前向きに認めていくべき」とされる（[1] 37ページ)。多様な能力は、格差をつけた処遇で報われ、この格差が経済の活力につながると理解されているようである。

　この同じ論点は、『新ビジョン』では新しい社会のあり方として次のように記述されている。「日本を『活力と魅力溢れる国』として再生させるためには、個人に画一的な生き方、横並びを強いる企業中心の社会を過去のものとし、明確な価値観をもち自立した個人を中心とする社会に転換していく」（[2] 55ページ）、と。

ここで言う"自立した個人"とは,「国家や地域社会,企業などの一員として,自らすすんで責任を果たし,公との『健全な依存関係』を築いていける個人」([1] 39ページ)であって,「サラリーマンなど組織に属する人であっても,その中で役割を担い,社会に付加価値を提供することによって,立派に自立した個人になることができる」([1] 39ページ)のである。ここで言われているのは,会社に依存した会社人間からの脱却である。

(2) "自立した個人"と企業

会社から自立した個人を活用する際の基本原則は,『新ビジョン』で次のように指摘されている。「労働市場においては,これまで一般的とされてきた,1つの仕事,1つの企業で能力を高めていく働き方を選ぶ者ばかりではなく,職業能力を高め,外部労働市場においてもっとも自身の職業能力が発揮される職場や仕事を選ぶ者もふえてくるであろう。こうしたなかで,報酬は成果に基づくものにシフトしていく。当然,個人は報酬に応じて期待される役割を果たしていくことが求められる。」([2] 56ページ)

これだけでは,日本経団連の主張はよく分からない。この点に関して奥田氏は,企業には「多様な個人が,安心して多様な働き方を選択でき,働きに応じて報酬を得られるしくみをつくっていかなければなりません。従業員を,共通の目標,価値観,嗜好を持つマスとして一律に扱うのではなく,多彩な個性を持つ個人として尊重」することを求めておられる([1] 95ページ)。それが従業員の活力を引き出し,ひいては企業収益の源泉となるのである。また,「企業には様々な仕事や役割があり,多様な人材が必要です。企業は,個人の様々なライフスタイルに適応できるよう

な,働き方の選択肢を準備」([1] 96ページ)する必要があるとも指摘されている。当然のことながら,働き方によって人事や処遇が異なってくるのである。そして最後に,「このような多様な個人の意志を尊重する企業活動を進める上では,・労・働・組・合・な・ど・と・の・集・団・的・な・関・係・だ・け・で・は・不・十・分・で・す。企業はそれぞれの従業員と正面から向かい合っていかなければなりません。それを可能にするのが,企業と個人との間の『信頼』です。・企・業・と・従・業・員・と・の・関・係・を・一・種・の・契・約・と・し・て・と・ら・え,・互・い・に・そ・れ・に・基・づ・く・義・務・と・責・任・を・果・た・し・て・い・く」([1] 96ページ)ことになり,そこに信頼が生まれるとされている。企業と集団としての組合との関係だけではなく,・企・業・と・個・人・の・契・約・・・信・頼・関・係・に・基・づ・く・こ・と・が・今・後・求・め・ら・れ・るとの考えであろう。

　以上の日本経団連やその会長である奥田氏の考えは,企業のなかでどのような形で具体化されているのであろうか。次節では,2000(平成12)年に新たな人事制度を導入したソニーを事例にこの点を見てゆきたい。

2．ソニーの人事制度改革

　ソニーは,フレキシブルな組織運用と人材活用を行うため,1968(昭和43)年に職能格制度(同社の職能資格制度)を導入した(本節の記述は以下の文献による。「注目される管理職人事制度事例」『労政時報』3483号,2001年,3月。『最新人事管理の改革実例集』労務行政研究所,2002年)。それは,当時の副社長盛田昭夫氏によると「真の適材適所,時と場合に応じた弾力的な組織編成と人材活用を行うこと」([3] 81ページ)を目的としてい

た。だが，職能格での格付けは過去の実績，つまり社員の蓄積した職務遂行能力に着目し，そのレベルを判定するものであったため，年功的要素が残る可能性をもっていた。また，昨今の事業を取り巻く環境が激変するなかで，これまで積み上げてきた職務遂行能力だけでは対応できない事態も生じてきた。さらに，抜擢された若手の賃金が任された職務の重要度や会社への貢献度と合わない（成果・貢献と報酬の不釣り合い）が発生した。そこで求められたのは，職務の重要度に応じて報酬を決め，優秀な若手のモチベーションを維持・向上させる仕組みであった。

こういった背景のなかで，2000（平成12）年には部長職の職能格が廃止され，翌年には課長級に"Value Band（バリュー・バンド，役割の価値）"という新たな資格制度が導入された。この制度を理解するには，同社の人事制度改革"C³Challenge（シー・キューブド・チャレンジ）"の内容を知る必要がある。

C³Challenge は，年功的な要素が残された職能格制度の考え方から，社員に具体的な貢献＝成果を求め，それに見合った報酬を受け取れる仕組みに変革しようとするものである。それは，図5-1のように，Commitment（契約）をベースとする会社と個人の新しい対等関係（イコール・パートナーシップ）により，真の Contribution（貢献・成果）とそれに相応しい Compensation（報酬）の実現を目指すものである。ここで言う対等関係を構築することによって（社長と全対象者は"コミットメント宣言書"を互いに取り交わすことで，契約関係に入ったと見なされる），自立した個人は，その能力・専門性を最大限に発揮でき，その成果・貢献に相応しい報酬を受け取るという，チャレンジのしがいのある関係を実現できるものとされている（図5-2）。

第5章 人材マネジメントと"自立した個人" 89

図5-1 C³Challenge とは

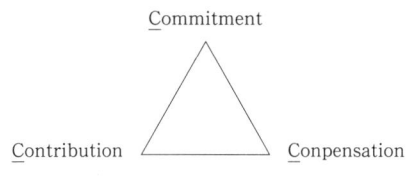

```
        Commitment
           △
Contribution   Conpensation
```

三つのCに基づく新しいチャレンジ

> Commitment（契約）をベースとする会社と個人の新しい関係の実現
> 真のContribution（貢献）＝Conpensation（報酬）の実現

図5-2 会社と個人の新しい関係

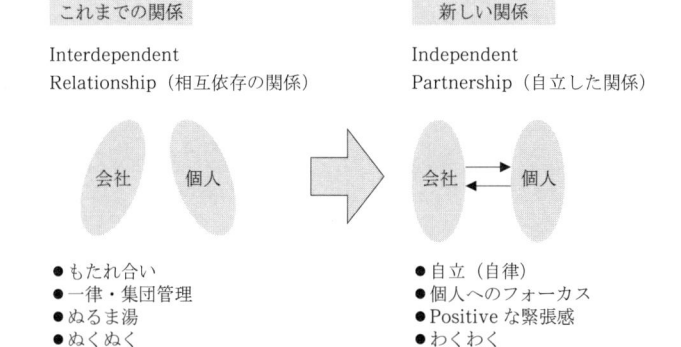

これまでの関係	新しい関係
Interdependent Relationship（相互依存の関係）	Independent Partnership（自立した関係）
会社　個人	会社 ⇄ 個人
●もたれ合い ●一律・集団管理 ●ぬるま湯 ●ぬくぬく	●自立（自律） ●個人へのフォーカス ●Positive な緊張感 ●わくわく

★会社と個人の Equal Partnership
　―真の対等な関係（集団から個人へ）
　―多様な雇用の在り方：契約概念，個人の尊重，個人の自由

　このためには，会社がチャレンジの"場"を提供するのに対して，社員はその"場"で活躍できる"スペシャリティ"や"専門性"を磨く努力が求められる。また，会社が明示した個々の社員に期待する成果（アウトプット）に対し，社員はその期待に見

合った成果を実現することを求められる。さらに，会社は貢献に相応しい処遇・報酬で報いることから，社員には付加価値創造へのチャレンジが求められる。C³Challenge のもと，会社と従業員は相互に契約を果たす関係に置かれることとなる（図5-3）。それは，報酬とその基準となる資格体系の抜本的な見直しで，社内風土を変革しようとするものでもある。

C³Challenge の一環として，成果・貢献に見合った処遇を実現するのが Value Band である。それは職能格に代わる新たな処遇の基軸であり，各人の職務がもつ役割の価値を評価したものである。それは，社員が現在担当している職務や果たしている"役割"に着目し，その大きさ，価値を評価・判定する。それは，職務等級の一種であるが，一般的な職務等級とは若干異なっている。普通は，"イス（ポスト）"に値段がついているのであるが，ソニーの場合，評価の対象はあくまでもポストの価値であったとしても，誰が担当するかによって役割価値が変わるとし，職務自体の価値が，能力・専門性といった"ヒト"のもつ要素にも

図5-3　C³Challenge の目指すもの

Commitment をベースとする会社と個人の新しい関係
Equal Partnership

```
自立した個人にとって
能力・専門性を最大限発揮でき，
その成果・貢献にふさわしい報酬を受け，
チャレンジしがいがある関係
```

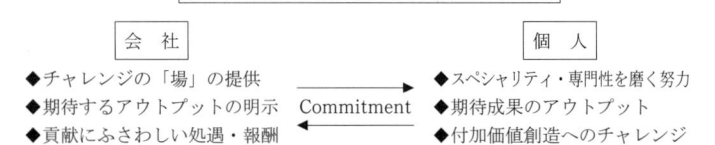

会　社		個　人
◆チャレンジの「場」の提供	―――――→	◆スペシャリティ・専門性を磨く努力
◆期待するアウトプットの明示	Commitment	◆期待成果のアウトプット
◆貢献にふさわしい処遇・報酬	←―――――	◆付加価値創造へのチャレンジ

影響されると捉えている。

"役割"とは,「その人にやってもらいたいこと・アサインメント・仕事そのもの」と定義される。評価は,① その役割に求められる能力・専門性,② 役割遂行に想定される難易度,そして③ 期待される貢献・アウトプットで行われ,それぞれのレベルを測定して点数をつけ,その総合点でバンドを決定する(図5-4)。① には,「必要とされるノウハウの水準(その仕事に求められる専門性)」,「社内外へのコーディネート(折衝)」,「対人影響力」といった小項目があり,その項目ごとにレベルを数値化する。

各人の役割価値は,本人の自己申告を踏まえて直属上司との面談で測定される。面談では期待される成果を確認し,"コミットメントシート"に捺印する。つまり,一種の契約を結ぶのである。上司の評価は,ネットワークカンパニー単位(ソニーには,ホームネットワークカンパニー,ブロードバンドネットワークカンパニーなど複数のネットワークカンパニーがある)に設置され

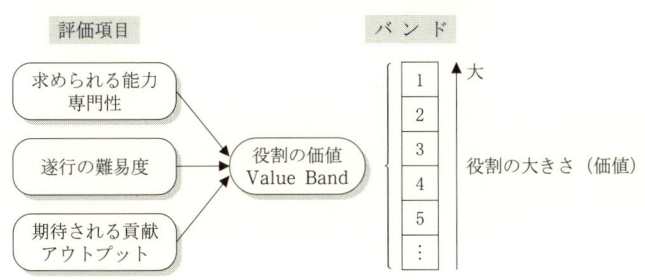

図5-4 バリュー・バンドの評価

(注)「役割」とは,「その人にやってもらいたいこと・アサインメント・仕事そのもの」のこと。

た"評価コミッティ"でチェックした上で最終決定される。

ソニーにおける報酬は，①年俸の月例支給分にあたり，年間報酬の約7割を占める Value Band に基づく"ベース給"，②個人業績を反映する夏・冬の"業績給"，③年1回支給する組織の業績を反映する EVA（経済付加価値）リンクの"業績給"，そして④株価連動報酬，で構成されている（図5-5）。"ベース給"は，各人の"役割"のレベルに応じて支給額が決まる。Value Band ごとに数百万円の幅が設定され，そのなかに一定の間隔で10段階程度のレンジが設定されている。レンジは一部が上位，下位のバンドのレンジと重なる（図5-6）。

社員はそれぞれが担当する仕事の"役割価値"に対応する Value Band に位置づけられた後，1年間の成果を踏まえて，その職務に対する"役割期待"の大きさを個人別に考慮してレンジが決定される。Value Band とレンジによってベース給が決まる。ベース給は，年1回の定時見直し（7月に実施）と，役割が変わった際の随時見直しによって見直される。各人のベース給は，頻繁に増減することとなる。過去1年間の実績に基づく今後

図5-5　バリュー・バンドの報酬体系

LTI	株価連動報酬		
Bonus 1	EVA リンクの業績給＝会社業績		給与化（個人の選択）
Bonus 2	業績給（夏・冬）＝個人業績	退職金	
Base	役割の大きさ（＝バンド）に応じたベース給 ●バンドごとのレンジ内で決定 ●毎月支給		年功型から成果反映型へ

（注）退職金制度の改定は，検討中で実施時期は未定。

1年間の役割期待を反映させるため,定時見直しは必ず年1回行われる。過去1年間の業績によってベース給が変動する。その際,成果を上げたからベース給が上がったと捉えるのではなく,業績が上がったことで当該職務における役割期待が上がり,この新しい役割価値に応じた支給額に引き上げられた,と捉えなければならないのである。"ベース給"の基準は,あくまでも"役割"である。そのため,役割期待に影響しない業績は,"業績給"に反映される。随時見直しでも,役割レベルを測定してベース給を見直す。変化する外部環境に対応して適材適所の配置を推進するため,定時見直しを待たずに処遇を見直している。新たな制度では,"ベース給"が減額される場合も出てくる。その際,

図 5-6 ベース給のイメージ

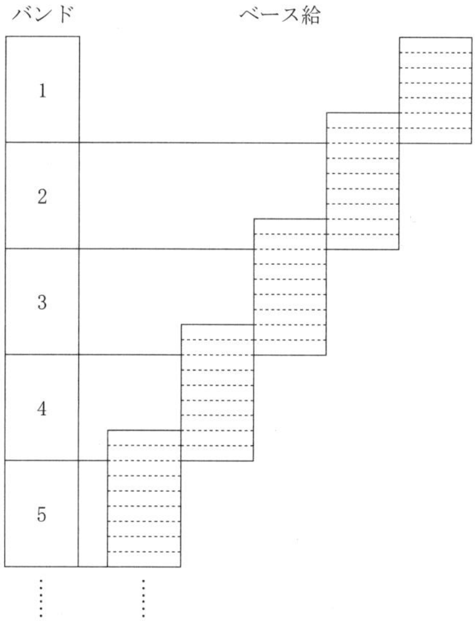

減額幅は年間で50万円に留められている。当初この制度は，組合員には適用されず，また育成途上にある一般社員への適用は慎重に行われねばならないとされていたが，2004年4月より組合員や一般社員を対象に，内容的にはほぼ同じ"グレード制"が導入されている。

3．"自立した個人"を支えるもの

以上のように，財界もソニーに代表される企業も"自立した個人"を求めている。果たして"自立した個人"は誰の助けも必要としないのであろうか。まず，"自立した個人"という考え方が登場する背景から見てゆこう。

(1) 変化する企業

これまで我々が企業として念頭に置いていたのは，例えばソニーやトヨタなど，大規模で垂直的に統合された企業，特に製造業に従事する企業であった。そういった巨大企業にとって，最も重要な資源は資本であった。20世紀に市場を席巻していたのは，大量の資本を蓄積できた企業であった。そういった企業にとって，競争上の優位性は，マーケティングや流通といった点で卓越していたことで獲得できる場合もあったが，多くの場合，技術進歩や規模の経済に基づく生産性の向上によって獲得されていた。より低い単位コストを実現した企業が競争に勝ち残れたのである。

ところが，20世紀末頃に工業経済から知識経済への移行が始まった。ここでは，急激な技術革新，特に情報技術（IT）革新

が企業に及ぼした影響を見ておこう。

　ITは、一方で専門化を強化し、他方で分割化を促進している。例えば、インターネットを活用してグローバルに事業展開すれば、企業が狭い製品ラインやサービスに特化することを価値あるものにする。専門化が進めば、これまで統合化されていた企業が分割される。専門化した企業が競争力をつければ、アウトソーシングや他企業とのパートナーシップの締結が行われ、これまでの企業間関係や企業の境界線が不鮮明になる。それとともに組織の再編成も進む。企業組織では、ITの導入により、これまで情報伝達や調整といった機能を果たしていた中間管理職が排除され、熟練知識労働者の重要性が増大している。

　一方、ITは、伝統的なサービスを新しい方法で提供する企業の創出を促している。その代表はeコマースである。そこにはこれまでとは違う競争力学が見られる。新興企業も既存の企業も、高い知識（ナレッジ）と技能（スキル）をもち、これまでにない働き方に伴うリスクを取る意欲をもつ労働者を求めているし、そうした気概をもつ労働者には高い給与だけでなく刺激的でやりがいのある機会が提供される。

　以上の変化は、大規模で垂直的に統合された企業に代わって、その資源をコア・コンピタンスに集中し、それ以外の機能を専門企業や請負企業にアウトソーシングする企業を創出している。そこでは、スピード、フレキシビリティ、そして新しい製品・サービスの開発が重要な競争戦略となる。そのため、新しい技術を活用できる知識と技能をもつ従業員を惹きつけ、定着させると同時に、報酬体系も企業の業績と同時に個人の業績を反映する業績連動型へと移行している。アメリカで行われた"ニュー・エコノ

ミー"企業に関する調査は,成功の鍵が知的資本や熟練労働者を他社から引き抜き,定着させるために必要な制度の整備にあることを示している([4] p.74. 邦訳73ページ)。つまり,人的資源が中心を占めていることを示唆しているのである。重要な資源が,資本から人間へと移行したのである。これが,"自立した個人"を企業が求める理由の1つである。

(2) 変化する仕事

"自立した個人"が求められるもう1つの理由は,働き方の変化である。これまでの働き方では,企業の生産性が向上すればその構成員の賃金や所得が増えると期待された。その結果,企業と従業員の命運は密接に関係し,勤勉・高業績・忠誠心が雇用保障・公平かつ十分な処遇で報いられると想定され,いわゆる会社人間が大量に創出された。

しかし,現在この前提は崩れ去ろうとしている。1つは,企業が非正規雇用(これまでのパート・アルバイトに加えて,派遣社員,契約社員,業務請負企業労働者など)に見られる雇用の多様化を活用していることである。また,アメリカの企業が典型なのであるが,景気の低迷だけでなく,好況時であっても技術の変化や金融市場からの圧力に応じてレイオフ(解雇)する場合が90年代以降出てきている。一方,労働者も,スキル基盤の拡大や人脈の形成には企業間移動が必要なことを理解し始めている。労働生涯の大半を1つの企業で過ごそうと思っている労働者は徐々にではあるが少数派になりつつある。

こうした考えを受けて,日本経団連は,1995(平成7)年に"雇用ポートフォリオ(雇用ミックス)"という考え方を打ち

出した。それは従業員を，その知識と技能が企業の基幹的活動や経営戦略にとって重要な意味をもつ従業員（長期蓄積能力活用型と高度専門能力活用型の人材）と，ルーティン業務あるいは補助的な業務を遂行する従業員（雇用柔軟型の人材）に分割し，なおかつ長期蓄積能力活用型は正規雇用で，高度専門能力活用型と雇用柔軟型は非正規雇用で充当しようとする考え方であった。こうした区分では，法的な権利，果たすべき義務，就ける地位，会社への忠誠心，組合との関係といった点で想定されるものが違っている。長期雇用や従来型の教育訓練，さらに会社に優しい制度（ファミリー・フレンドリー）を含めて多様なものが提供されるのは，基幹従業員である長期蓄積能力活用型の人材だけである。

以上のことが意味するのは，忠誠心や帰属意識と交換に所得の増大や雇用保障を提供するという，20世紀を支えてきた社会契約（social contract）の崩壊である。企業は，"自立した個人"を求めることで，全従業員に長期雇用や社会保険・年金といった社会的責任を提供できないと宣言しているのである。

(3) "自立した個人"を支えるもの

だが，果たしてこういったやり方でうまく行くのであろうか。わが国の労働市場が完全に流動化しているわけではないし，全員がフリー・エージェントとして働く世界を想定するのは不可能であろう。競争上の優位性，顧客満足度をもたらすのは言うまでもなく人的資源であるが，この人的資源を構成しているのはエリート知識労働者だけではない。企業は，従業員全体から価値を生み出す戦略を採用する必要があるのではないだろうか。

その際重要なのは，従業員が自由に発言できることである。職

場の労働条件，労働時間，報酬と給付，福利厚生は言うに及ばず，働き方や働かせ方を大きく左右してきたのは従業員のもつ発言権（力）であった。それは，組合を通して確保されてきたものであった。ところが，この組合の影響力が低下しているのである。奥田氏の発言にあった「労働組合などとの集団的な関係だけでは不十分」で，「企業と従業員との関係を一種の契約」と捉える考え方は，こういった組合の弱体化を背景に登場したものである。

この点に関して，ハーヴァード大学のリチャード・B・フリーマン（Richard B. Freeman）とウィスコンシン大学のジョエル・ロジャーズ（Joel Rogers）が1994年に行った"労働者の代表と参加に関する調査（以下"調査"）"は，わが国労働者を対象とした調査ではなく，しかも実施時期も古いが，非常に興味深い結果を示している。

なぜ職場でのより大きな発言権（力）を望むのかと尋ねられて，"調査"回答者の87％は，もし生産と作業についての意思決定に関与するならば，彼らの職務をもっと楽しめるようになると回答した。75％は，この増大した影響力の結果として彼らの企業は競争力を増すであろうと考えた。79％は，もし従業員が生産と作業に影響する意思決定でもっと多くの発言権（力）をもつならば，製品とサービスの質が改善するであろうと述べた。また，労働者の大多数は，もし労働者が作業現場でより大きな発言権（力）をもてば，そこでの紛争はもっと容易に解決されるであろうと報告した。しかも興味深いことに，調査対象となった管理者の58％は，もし従業員が集団的により多くの発言権（力）をもつならば，職場の問題はより効果的に解決されるであろうと回答す

ることで，労働者の見解に同意していたのである。もちろん，セクハラや教育訓練といった問題では個人としての発言を選択していたが，それ以外の給与・給付あるいは職場の安全衛生といった問題では集団として発言することを選んでいた。最後に，職場で影響力を行使できない主たる理由は，経営者の抵抗にあると回答していたのである（[5] pp.39-64.）。

また，アメリカ労働総同盟・産別会議（AFL・CIO）が1999年に行った調査では，「あなたの職場が組合をもつかどうかを決定するための選挙が明日開催されるとすれば，どのように投票しますか」と尋ねられて，回答者の43％は組合を結成することに賛成票を投じると報告し，そして79％は従業員の組織の結成に賛成票を投じると回答していた。ここでも，従業員は組合やその他の集団的な代表形態が彼らの給与と給付を向上させるだけではなく，彼らに仕事に関する発言権（力）を与えると信じていたのである（[4] p.103. 邦訳105ページ）。

以上のようなアメリカの労働者がもつ意識は，日本の労働者も共有するものであろう。"自立した個人"は，多様な働き方というレトリックのなかで一種の賭である転職を選択したり，他者との"格差"を求めているわけではない。ここで取り上げたアメリカの諸調査が明らかに示しているように，労働者は団結や連帯，そして組合を含む従業員の組織を求めているのである。これは，"自立した個人"も同じことである。格差の是認は，社会ダーウィニズムといった危険な考えを容認するものであり，団結・連帯にとって最大の障壁となる。さらに，労働者の生活水準の向上は，市場原理ではなく，格差の縮小を求めて運動する組合の地道な活動の産物であったことを忘れてはならない。

一方,組合運動も大きくその姿を変えねばならないであろう。本節の始めの部分で示した変化する企業と仕事の姿は,組合にも影響を及ぼしている。目下の企業は,合併・戦略的提携・会社横断的な業務チームなどを通してその境界線を絶えずシフトさせている。しかも,正規雇用と非正規雇用の従業員が同じ企業に混在している。これまでと違って,社会的責任をどの企業が果たすのかが不鮮明になっている状況下では,企業単位の団体交渉も難しくなっている。そして,団結・連帯には旧来の組合運動が対象としてきた階層に加えて,専門職や技術職,管理職を含めねばならないのである。この点に関し,オスターマン(Paul Osterman)らが提示する"次世代型組合"は非常に示唆的である。最後にこの点を示しておきたい。

"次世代型組合"は,「政治的発言力,直接的参加,団体交渉,戦略的パートナーシップ,転職,そして職業的コミュニティーを提供するパートナーの連合組織」であり,「変化する産業構造と多様な環境や労働者の要求に適応するには,企業内において,地域と労働市場において,職業コミュニティーにおいて,そして政治的問題において,労働者の利益をさまざまな方法で代表するとともに,…それに役立つ,拡大されたネットワーク」として展望されているものである。それは,団体交渉,労働者の参加,より広範な労使パートナーシップといった「多様な方法と手段を用いて,情報,教育,技術的アドバイス,支援などを個々の労働者やグループに提供するとともに,労働者の関心と将来展望を一般大衆と政治的指導者にはっきりと伝える」ものである。"次世代型組合"のもとでは,個人は,「職業生活と家庭生活のさまざまな段階で"主たる組合員資格"を次から次へと変えながらこれらの

境界を越えて移動できる必要があろう。しかし、いったん彼らがその拡張されたネットワークに参加したならば、生涯にわたって組合員とみなされる」ことになるのである（[4] pp.98-99. 邦訳100-101ページ）。

参考文献
[1] 奥田 碩『人間を幸福にする経済―豊かさの革命―』PHP新書，2003年。
[2] 日本経済団体連合会『活力と魅力溢れる日本をめざして―日本経済団体連合会新ビジョン―』日本経団連出版，2003年。
[3] 盛田昭夫『新実力主義』文藝春秋社，1969年。
[4] P. Osterman, T. A. Kochan, R. M. Locke, and M. J. Piore, *Working in America: A Blueprint for the New Labor Market*, MIT Press, 2001.（伊藤健市・中川誠士・堀 龍二訳『ワーキング・イン・アメリカ：新しい労働市場と次世代型組合』ミネルヴァ書房，2004年。）
[5] R. B. Freeman and J. Rogers, *What Workers Want*, ILR Press, 1999.

［伊藤健市］

第 6 章

裁量労働と個人の自律性

―キーワード：裁量労働制，フレックスタイム制，仕事遂行の
自律性，境界決定の自律性，ワーク・ライフ・
バランス

1. 裁量労働制と組織の他律性

(1) 裁量労働制の現状

 1987年の労基法改正で裁量労働制が導入されてから15年以上が経過している。その後3度の法改正を経て，導入時から対象とされていた研究開発部門技術者等に適用される専門業務型裁量労働制と企画，立案，調査，分析の業務を担うホワイトカラー等に適用される企画業務型裁量労働制が併存する形となっている。

 裁量労働制の導入状況は図6-1に示されているように，全企業において導入率が1％台，1000人以上規模企業に限っても7.3％である。企画業務型裁量労働制にいたっては導入率は1％にも満たず，裁量労働制の導入が広く進んでいるとは決して言えない。社会経済生産性本部が従業員500名以上企業を対象に2002年に行った「裁量労働制に関する調査」でも，「専門業務型と企画業務型の両方」が2.0％，「専門業務型のみ」が7.1％，「企画業務

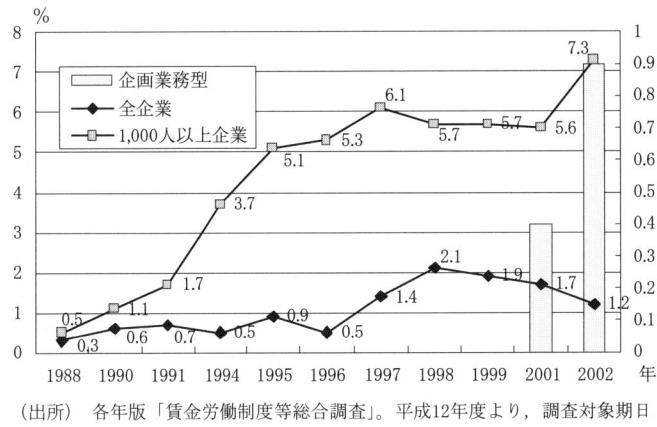

図6-1 裁量労働制導入企業割合の推移

```
                                                              7.3
                                          6.1
                                              5.7  5.7
                                      5.1      5.7      5.6
                                          5.3
                              3.7
                        1.7
                                                  2.1
                                                      1.9
            1.1                               1.4      1.7
        0.6     0.7                                        1.2
    0.5     0.9     0.5
    0.3
   1988 1990 1991 1994 1995 1996 1997 1998 1999 2001 2002 年
```

凡例: 企画業務型／全企業／1,000人以上企業

(出所) 各年版「賃金労働制度等総合調査」。平成12年度より，調査対象期日を12月末日現在から翌1月1日現在に変更し，名称を「就労条件総合調査」と変更している。そのため2000年数値が図中にない。

型のみ」が0.5％の導入率と同様の結果となっている。

しかし，裁量労働制は新しい働き方の可能性を秘めた制度であると考えられる。いずれの裁量労働制も，業務遂行の手段や時間配分の決定等に関して使用者から具体的な指示がなされないところに，その源泉が見いだされるのである。では，どこがどのように新しい働き方となるのだろうか。この点について，項を改めてみていくことにしよう。

(2) 他律と自律のバランス

一般に労働時間は「使用者の指揮命令下にある時間」とされることからも分かるように，組織で働くということは「使用者の指揮命令下」に入り，自らの考えにもとづき行動することが基本的に許されない状態となることである。これは他者にコントロール

された状態，つまり他律的な状態にあるということである。労働者を他律的な状態に保とうとするのは，管理する側が労働者の行動をコントロールする方が組織にとって望ましい結果を得やすいと考えるからである。それゆえ，組織で働くことは基本的に他律的であると言うことができる。

一方，企業経営におけるヒトの管理の問題を振り返れば，そこには本来的に他律的である組織で働く中で，そこに働く個人がいかにして自律的な部分を取り戻すかという問題に取り組む一つの潮流が認められる。たとえば，社会‐技術システム論に基づく自律的作業集団による新しい作業組織の設計やその現代的展開とも言えるチーム作業方式の導入，そしてそれらを包摂した労働の人間化と呼ばれる一連の動向などである[1]。自律的な行動を本来欲する人間が，ヒトという経営資源として組織での労働に携わるときにその自律性は制限されてしまう。しかし，その自律性の発揮を認めた方が組織にとって望ましい結果を得やすいことがあることは，科学的管理法以来の経営学の歴史を振り返れば明らかである。なぜなら，ヒトは感情の持ち主でありその意思によって労働力の発現を高めることも低めることも可能であるし，ヒトの考える力が競争力の源泉となり得るからである。それゆえ，現実には，組織で働くということは管理する側にとっても働く側にとっても，他律と自律のバランスをいかにとるかという問題として考えることができる。

(3) 仕事における自律性

他律と自律のバランスをどうするかという問題は，管理者からすると，自己裁量の余地をどの程度労働者に与えるかという問題

となる。このことは，仕事に関して「何をするか」「いかにするか」「いつするか」という点から見ることができる。「何をするか」とは仕事の目標と仕事の量を決定すること，「いかにするか」とは仕事の進め方を決定すること，「いつするか」とは取りかかりと完了という仕事の期間を決定することであり，これらの行為にどの程度労働者の自己裁量を認めるかという問題となる。

「何をするか」について労働者の自己裁量が認められるかというと，これはほとんど認められない。昨今，成果主義の進展とともに目標管理の導入が広がってきているが，目標管理における上司と部下の話し合いの過程で「何をするか」に関して労働者の意見がある程度考慮に入れられることはある。しかし，何をするかという仕事量に関する決定は基本的に使用者の専決事項である。「仕事量の裁量性」（[2] 49ページ）は決して大きくはない。

「いかにするか」も通常は使用者が決定することになる。しかし，上で見たように，決められたことを決められた通りに行うということに対して，労働者の自由意思を発現できるようにするという取り組みはこれまでも行われてきた。従来，経営学の分野で追求されてきた自律性は，「いかにするか」についてどこまで労働者の自由裁量の余地を認めるかというものであった。このような仕事の進め方に関する自律性を今野［2］は「仕事手順の裁量性」と呼んでいるが，ここでは「仕事遂行の自律性」と呼ぶことにしよう。

最後に，「いつするか」である。仕事の納期は使用者が決定するし，ここまでを「いつするか」という日々の仕事の進捗管理も通常は使用者が行う事柄である。しかし，裁量労働制の適用者には納期に至るまでの仕事の進捗管理については自己裁量の余地が

与えられている。これはいかに仕事を進めるかと密接に関わっているので，進捗管理に関わる自律性も仕事遂行の自律性に含めて考えていこう。

さらに，「いつするか」は，始業・終業時間を定める自由にも関わってくる。通常の時間管理のもとで働く場合，始業・終業時間の決定は労働者の手中にはないが，この決定を労働者に委ねることを制度的に保障した時間管理のあり方として裁量労働制とフレックスタイム制をあげることができる[2]。始業・終業時間を決定するということは，自分の生活の中で仕事をどこに位置づけるかという問題でもある。そして，それは仕事生活と仕事を離れた生活[3]との境界を決定するということである。それゆえ，これに関する自律性を「境界決定の自律性」と呼ぶことにしよう。

図6-2はこれらを図示したものである。

このように裁量労働制のもとでは，仕事遂行の自律性と境界決定の自律性の2つの自律性が与えられる。これらの自律性があるがゆえに，特に仕事生活と仕事を離れた生活との関係を主体的に設計できる可能性を労働者に与える境界決定の自律性があるがゆえに，裁量労働制は新しい働き方の可能性を秘めた制度であると

図6-2　裁量労働制と2つの自律性

| 仕 事 生 活 | 仕事を離れた生活 |

フレックスタイム制，
裁量労働制の導入　　↓

境界決定の自律性の享受

| 仕 事 生 活 | 仕事を離れた生活 |
| 仕事遂行の自律性の享受(裁量労働制のみ) | |

考えられるのである。

　以下では，裁量労働制と自律的な仕事のあり方について検討していくことにしよう。まず次節では裁量労働制を廃止したケース，フレックスタイム制を廃止したケース，そしてホワイトカラーの仕事の実態について見ていこう。フレックスタイム制を検討するのは，それが裁量労働制同様，境界決定の自律性を与えられた制度だからであり，ホワイトカラーの実態を見ることとあわせて裁量労働制がもつ課題を明らかにすることの助けとなると考えられるからである。

2．仕事の実態

(1) A社の事例：裁量労働制の廃止

　金融業界に属するA社では，1995年4月より情報システム部門のシステムエンジニアを対象として裁量労働制を導入してきた。当時の仕事の実態として，仕事のプロセスの組み立て方に関する判断はエンジニアたちが自分で行っており，この部分が「裁量」にあたると考えられていた。また，裁量労働制を導入することで，長く職場にいることや頑張っているという姿勢だけを重視しすぎない風土に導くことも目指されていた。

　ところが，A社は2003年1月に裁量労働制の廃止に踏み切った。それは，仕事の実態が変化してきて，裁量労働の職場に求められる仕事が，「業務の性質上その遂行の方法を大幅に当該業務に従事する労働者の裁量にゆだねる必要がある」とはみなされなくなってきたからである。A社の人事担当者の言葉を借りれば，「働く実態と裁量労働で働くということとのフィット感を働く側

も，働かせる側も感じられなくなった」ということである。つまり，これまでの仕事において認められていた自己裁量の余地が，現在の仕事においては認められにくくなってきたわけである。このように仕事の中身が変化してきたのはA社を取り巻く経営環境が変化してきたからである。

近年，金融業界においてはシステムトラブルを避けることが何にも増して重要な課題となってきている。そのため，システムの変更を行う際にも，安全性を高めるために作業を細分化し，与えられた範囲の仕事を確実に行うという方法がとられるようになってきている。そのため，従来は求められる仕事の遂行に際して裁量を発揮できたシステムエンジニアが，これまでとは異なり細分化された狭い範囲の仕事を行わなければならなくなってきたために，仕事の遂行過程で裁量を発揮できなくなってきていたのである。裁量の余地を認めることがもたらす精神的な効果やそれに伴う実務的な成果の可能性よりも，決められたことを決められた通りに行い巨大プロジェクトとしての全体システムを確実に完成させることを選択せざるを得ない状況となり，やらなければならないことの中に裁量を組み込む余地が極めて小さくなってしまったのである。その結果，実情に合わせるべく廃止するという判断がなされたのである。

さらに，裁量労働対象者と非対象者とからなる混合職場がもたらす問題も裁量労働制廃止の遠因となった。以前より，所属部門や職掌は異なるものの，裁量労働対象者と非対象者が一つのプロジェクトに共同して取り組むという混合職場は存在していた。作業が長時間に渡ると，通常の時間管理が行われている非対象者には時間外手当がつくこととなるが，みなし時間が適用されている

裁量労働対象者には時間外手当がつくことはない。裁量労働手当の算定にあたっては根拠となる労働時間が設定されてはいたが，裁量労働対象者の労働時間がその範囲に収まりにくくなってきている実情があった。今のところこのことは大きな問題とはなっていなかったが，何年か先にでもこのことに対する不満の声が顕在化してくることは，人事管理上好ましくない労務リスクと考えられた。A社が裁量労働を導入した背景には人件費削減の意図はなかったために，こうした労務リスクを取ってまで裁量労働制を継続する必然性が薄れてきたと判断された。こうした判断がなされた背後には，コンプライアンスを優先するA社の組織風土がある。現在は問題となっていなくても，将来の労務リスク要因は早いうちにつみ取ってしまうことが目指されたのである。

　裁量労働制を廃止することに対して社内に不満の声は少なかった。対象者たちの中には，昨今の業務内容の変化を受けて，与えられる裁量の度合いに疑問をもつものも少なからずおり，対象者たちも制度の変更を基本的には歓迎した。その結果，A社では裁量労働制が廃止されることとなった。

(2) B社の事例：フレックスタイム制の廃止

　製造業のB社では，1988年5月に研究開発部門にフレックスタイム制を試行的に導入したのを皮切りに，技術部門，事務部門へと対象部門を順次拡大し，フレックスタイム制のもとで働くことが可能な部門ほぼ全てに導入がなされた。フレックスタイム制導入の目的は業務の効率化をはかることとゆとりのある働き方を追求することであった。最初は経営主導で導入が進められたが，その後の展開過程においては，労使がともに積極的に取り組んで

いった。

　導入当初は，対象者も管理者もフレックスタイム制を好意的に受けとめていた。対象者からは，業務の組み立てがしやすいとか集中して仕事に取り組めるといった声が聞かれるとともに，管理者からは会議の組み方が少し難しくなったという点以外には特に不満は出てこなかった。

　ところが，90年代半ばに入るとフレックスタイム制の問題点が明らかになってきた。それは，フレックスタイム制を福利厚生制度のひとつのようにとらえ，周りとの関係を考慮せずにまったく自分の好きな時間に仕事ができるものと考える人が増えてきたという問題であった。当時からコアタイムは全社的に設定されていたが，昼休憩は必ず居るようにするということ以外の時間設定は，事業所の労使に任されていた。その結果，何か問題が起こり急遽会議を開かなければならないようになった時に，見回せば人がいないというようなことが起きてしまうようになってきた。特に，開発日程などにより「この日までに何をするか」がある程度はっきりしており仕事の計画が立てやすいR&D部門よりも，「この日までに何をするか」がわかりにくい事務部門において，フレックスタイム制の"乱用"が顕著であった。導入から7～8年を経てこうした問題が露呈してきた背後には，新入社員当時からフレックスタイム制のもとで働いており，完全な業務管理（時間管理）をされた経験のない人たちが増えてきたという事実が存在した。

　そこで，これらの問題に対応するために，90年代後半にはコアタイム開始時刻を全社一斉に9時30分に統一すると同時に，業務の段取りを組む能力がまだないと考えられる入社一年目の社員は

フレックスタイム制の対象から外すという措置がとられた。

こうした対応が取られる一方で、もう一つの問題が生じていた。それは労働時間の長時間化である。フレックスタイム制のもとでは、時間外労働は清算期間を通して算定される。もちろん、清算期間途中においても各人の労働時間を日々把握していくことは、安全衛生上も管理職に求められるべきものではあるが、現実として、日々の業務に追われる中ではよほど意識してチェックをしないと各人の労働時間を日々レベルで把握することは難しい。その結果、清算期間終了時においてはじめて各人の時間外労働時間が把握されるという状態であった。

こうした状況に対してB社では、労務管理を行う上で生じるリスクを避けるためにも、自律的な働き方を取りやめ時間管理を行うように方針を転換し、2001年にフレックスタイム制を廃止した。ただし、B社は自律的な働き方というフレックスタイム制が持つメリットを肯定的に受けとめており、技術者には始業時間から終業時間までの時間管理を行うことは適切ではないことも理解されている。それゆえ、前回問題となったことを踏まえながら、現在では、自律的な働き方として裁量労働制の導入が視野に入れられている。

(3) ホワイトカラーの働き方

裁量労働制と新しい働き方の可能性を検討するために、(1)(2)のケースに加えて、ホワイトカラーの働き方の実態も概観しておこう。

今後、企画業務型裁量労働制の導入が進めばその適用者になると思われるスタッフ部門のホワイトカラーを対象に、ダイア

リー・メソッドにより彼らがどのように日々の時間を過ごしているのかが調べられた [5]。具体的には，1日の仕事において，「通信作業時間」「対人接触時間」「個人作業時間」に費やしている時間比率がどれくらいになるか，それらがどのように組み合わされているかを見ていった。

その結果，明らかになったことは，第一に就業年数が長くなるほど対人接触時間比率が高まることである。通信作業（電話，ファックス，E-mail 等への対応）比率は就業年数が長くなってもそれほど大きな変化は確認できないが，対人接触時間比率は高まり，その分個人作業時間比率が減少している。さらに，就業年数の増大に伴い対人接触時間に占める会議の比率が高まることも確認された。

次に，ミンツバーグ（Mintzberg, H.）[4]も指摘したように仕事の断片化が進んでいる点も確認された。総時間に占める個人作業時間比率はある程度確保されていても，それらは通信作業への対応や上司への報告や部下からの相談，突然の顧客の来訪のような前もって予定されていない対人接触によって分断されてしまうのである。そのために，まとまった形で個人作業時間を確保することが容易ではなくなっており，仕事の断片化が起こっている[5]。このように，スタッフ部門のホワイトカラーは上司から指示された通りにだけ仕事を行っているわけではないので，その意味では自己裁量の余地のある仕事を行ってはいる。しかし，その実態を見ると，決して自分のペースだけで仕事を進めるわけにはいかない状況にあることが明らかである。一般に，自分の仕事を遂行する際に他の誰の仕事とも関係することなく進められるほど自己完結的な仕事をしている人はほとんどいない。多くの人の仕

事は，他の人の仕事や顧客と相互に関連をもつ社会的関係の中に存在するのである。それゆえ，自己裁量の余地が与えられていても社会的関係の中に存在するが故の多くの制約が，その発揮を妨げることが往々にして生じてくるのである。

3．裁量労働制と新しい働き方

(1) 仕事の実態からのインプリケーション

 2．で見た仕事の実態から，裁量労働制の適切な運用のためのインプリケーションとして次のような点をあげることができる。

 第一に，極めて本質的な問題であるが，業務遂行の手段や時間配分の決定等に関して使用者から具体的な指示がなされていない業務を対象業務に定めることが徹底されているかということである。A社の場合，従来は仕事遂行の自律性が労働者に与えられていたものの，業務内容の変化に伴ってそれらが無くなってしまったために裁量労働制を廃止したわけである。まさに理にかなった行動ではあるが，果たしてこうした対応がすべての組織できちんとなされているのかという問題である。さらに，そもそも導入時において適切な対象業務が選定されているかという点も再確認する必要があるであろう。これは，裁量労働制対象者にとっては仕事遂行過程の自律性と境界決定の自律性が本当に与えられた上で対象者となっているかという問題でもある。

 これに関連して第二に，対象者の選定の重要性である。対象者は業務遂行のための知識や経験等を有することが求められ，企画業務型の場合，目安として大学卒業後少なくとも3～5年の職務経験を経た後に対象者となるかどうかの判断の対象になりえるも

のとされている[6]。B社では入社1年目からフレックスタイム制の対象者としていたが，望ましい制度の利用が難しかったために入社1年目の人材はその対象からはずすように変更した。フレックスタイム制には対象者の範囲が定められていないために生じた事象ではあるが，境界決定の自律性や仕事遂行過程の自律性を備えた労働者かどうかはフレックスタイム制，裁量労働制の対象者を選定する際に必ず確認されるべきである。

さらに，労働者に対しては自律的な行動に責任を持つ必要性を指摘できる。これは第二の点について労働者の側面から見直した問題とも言えよう。企業組織で求められる自律型人材とは，「自らが欲するところをも満たしながら，組織内では自分に求められた役割を理解，達成できる人」であるべきである。仕事遂行の自律性も境界決定の自律性も大いに発揮すべきであるが，ともに働く周囲の人のことを考慮せずにまったく自分の好きな時間に仕事ができると考える人は，自律型の人材とは言えないであろう。ホワイトカラーの働き方で見たとおり，ひとりひとりの仕事は社会的関係の中に織り込まれており，同僚の仕事や顧客から全く独立して完結したものではないのである。したがって，裁量労働制対象者であっても仕事を遂行する際にまったく自由に振る舞えるわけではない。「裁量労働者の行動は自己完結した仕事を単独で遂行しているのではなく，管理ユニットでのPDCサイクルに埋め込まれ，より上位の管理者のPDCサイクルを回すべく具体化されるミッションによって方向付けられている」([8] 43ページ)のである。その中でいかに自律性を発揮するのかを考えなければならない。

最後に，過度のコスト削減を追求しすぎないことである。一般

に，みなし時間に時間外労働分を含むか含まざるかにかかわらず，裁量労働制対象者には平均的な時間外手当支給額に見合った手当がつけられている。しかし，その算定根拠となった時間を大きく超える時間働かなければならないことが実際には生じてくる。A社のケースに見られたように，対象者と非対象者が混在する混合職場でこうしたことが生じると，裁量労働制対象者が処遇に不満を覚える危険がある。A社ではこれを将来の労務リスクを引き起こすかもしれない要因と判断した。

裁量労働制は時間外割増賃金削減による人件費削減策であるという批判は，これまでも労働側を中心になされてきた。また，「裁量労働制は成果主義の呼び水として機能しうる側面を持つ」（[9] 124ページ）のであり，現に成果主義への変革を担う人事労務管理施策として機能してきた（[4][9]）。その際に，導入の目的が単に人件費の削減におかれてこなかったかを再度問い直す必要があろう。それは，労働者の不満が将来何らかの形で噴出する危険性につながる可能性があるからである。A社でもB社でも，そうしたリスクは前もって避ける措置が講じられていた。何のために裁量労働制を導入する（した）のかをもう一度確認することが必要である。そして，既に導入している場合，A社のように「働く実態と裁量労働で働くということとのフィット感を働く側も，働かせる側も感じられなくなっ」ていないかどうかを問い直してみなければならない。対象者たちが裁量労働制の導入を単なるコスト削減策であるともし感じているならば，彼（女）らに期待通りの働きぶりを長期に渡って望むのは難しいことだからである。

(2) 新しい働き方の可能性

1.(3)でみたように,新しい働き方を仕事生活と仕事を離れた生活の境界決定の自由度が高まった働き方ととらえてみた。つまり,境界決定の自律性が与えられた働き方である。始業・終業時間を動かすことは仕事の進め方にも影響を与えるから,境界決定の自律性は仕事遂行の自律性と併存することが望ましい[7]。

境界決定の自律性を与えられることは労働者にとっては望ましいことであるが,組織にとっての利点もなければ制度として広く普及することは難しい。では,組織にとってどのようなメリットがあるのだろうか。

まず,多くの労働者たちが仕事生活と仕事を離れた生活とのバランス——ワーク・ライフ・バランス——を求めるようになってきており,その欲求を満たせる点があげられる。こうした欲求は,たとえ衛生要因であったとしてもそれらを満たした方が労働者はより積極的に組織のために働いてくれるからである。このことは多くの調査結果が示しており,たとえば,「1999年,プライスウォータハウスクーパーズ社が行ったビジネススクール卒業生に対する国際調査で,57%の回答者が'仕事と私生活のバランス'が仕事を決める上で一番考慮することだと答え,1998年の同じ調査の45%に比べ増加」[8]している。これからは,労働時間は仕事生活の中だけのものととらえるのではなく,「生活するうえでの時間のあり方,すごし方という総生活時間のなかから「労働時間」の変容を考える」[9]ことが必要となってくるであろう。

次に,優秀な人材確保につながる点を指摘できる。「ワーク・ライフ・バランスはマネジャー達がキャリアを決める際にますま

す重要な目的となるだろう」（[3] p.60）と言われはじめている。それゆえワーク・ライフ・バランスの確保を支援する制度を整えていなくては優秀な人材を獲得することが今後難しくなってくると考えられる。仕事を離れた生活は個人の領域であり人的資源管理が関与する領域ではなかったものから，仕事生活と仕事を離れた生活との両立支援は競争力獲得のために人的資源管理が積極的に取り組むべき課題となってきている。「トップ経営者は，充実した個人の時間は労働時間と同じくらい確実に社員の生産性を高め，会社の最終的な利益を向上させうると信じなければ──そしてそうした考えに従って行動する部下の管理職たちを説得しなければ──ならない」（[1] p.210: 邦訳，242ページ）時代となってきているのである。

とはいうものの，こうした境界決定の自律性が与えられることが即座に新しい働き方につながることは難しいであろう。なぜなら，これまでの仕事の慣行や職場の組織風土が新しい動きの足かせとなってしまったり，実際に境界を動かしてみても本当に何のペナルティーもないのかという疑念を労働者が抱いてしまうからである。そして，何よりも組織は本質的に他律的であるために制度として境界決定の自律性を認めても，それを積極的に行使させる力が働きにくいからである。したがって，対象者の側から主体的に制度を利用することの重要性が強く認識されなければならない。かつて筆者が裁量労働制対象者への聞き取り調査を行った際に，裁量労働制の導入によって労働時間を減少させた対象者は次のように述べている。

『時間居ても居なくても一緒なら，なるべく居ないで仕事を終わらせよう，と考えを変えたんですよ』『仕事の仕方ということだと，

とにかく時間内にうまくやりくりしよう，ということを意識するようになりましたね。時間内というのは自分が決めた時間内ですね。例えば，自分で「この仕事これくらい時間がかかる」とか。仕事はやり出したら切りがないわけですね。だからどこでケリをつけるかというと「まぁこの辺までいった」と自分が思ったら，とりあえずはやめて帰るという風にするようになりましたね』([4] 41ページ)

境界決定の自律性が与えられているという点で，新しい働き方を制度的に保障してくれているのが裁量労働制である。制度は適切な運用がなされて初めて労使双方に有効な制度として機能し始める。そのためにもまず対象者が境界決定の自律性を行使することが大切なことであり，そうした主体的な動きが新しい働き方につながっていくのである。

(3) 裁量労働制の今後

最後に，裁量労働制の今後について概観し本章を閉じることにしよう。

2003年の労働基準法改正によって，企画業務型裁量労働制の導入要件が緩和されることとなった。一方では，「裁量労働制は，労働時間管理になじまない自律的な専門的・経営管理的労働について，対象範囲をより包括的に定義し直したうえで，労働時間規制の適用免除の制度として再編成した方がよい」[10] というように，導入要件の緩和にとどまらず労働時間管理の適用除外（エグゼンプション）が適切であるという主張がある。他方では，「裁量労働制は抜本的に見直すべきであるし，ホワイトカラー・イグゼンプションは導入すべきではない」[11] という主張もあり裁量労

働制の今後のあり方を巡っては一つの方向に収束する様子はうかがえない。

ただし,その拡大が現実に進展している現在,人的資源管理の観点からは,境界決定の自律性を制度的に保障し新しい働き方につながる可能性を持つこの制度を労使間の信頼を形成しながらいかに適切に運用していくかが課題だと言えよう。その意味では3.(1)で触れたように,裁量労働制の運用が成果主義に走りすぎている嫌いが心配される。「自立した主体であることを奪われたとき,その人間の注意力は,速度と金銭への関心に一面化する。つまり労働への関心が,速度と金銭への関心に一面化するのは,労働者がその自立性(自律性)を奪われているからである」[12]という言説に鑑みると,過度にコスト削減を意識し労働者の競争を煽るような成果主義は労働者の自律性への関心を剥奪していくのではないかと懸念される[13]。

チーム作業方式の展開過程においては,労働側が積極的に自律性獲得に動いた結果,自律的作業集団の導入のような形で労働者の自律性が獲得され,そこには「自律性の獲得→従業員満足→業績向上」という連鎖への期待が認められた。しかし,昨今は,環境の変化への迅速な対応とそれによる競争力確保を目指す企業側が主導してチーム作業方式を導入しており,そこには「柔軟性の獲得→競争力の確保→業績向上」という連鎖への期待が確認されるようになってきた[14]。最近の裁量労働制をめぐる状況を見ると,チーム作業方式の展開と同じように,経営側の期待のみを過度に達成するために裁量労働制の導入が進められているように見受けられる。後者の連鎖だけではなく,前者の連鎖をも満たしながら進めることが,長期的に見て,裁量労働制という2つの自律

性を認めた新しい働き方が労使双方に有益なものとして定着することにつながるものと考えられる。他律と自律のバランスをいかにとるかがまさに労使双方に問われていると言えよう。

[謝辞]

裁量労働制，フレックスタイム制を廃止した事例としてあげたA社，B社それぞれの担当者の方には，聞き取りや資料の提供など一方ならぬお世話をいただいた。ここでお名前をあげるわけにはいかないが記して謝意を表する。また，本研究は科学研究費（基盤研究（B）(2) 課題番号15330115）の研究成果の一部である。

注

1) 赤岡　功『作業組織再編成の新理論』千倉書房，1989年，奥林康司『増補　労働の人間化』有斐閣，1991年，森田雅也「社会‐技術システム論とその展開—イギリスにおけるチーム作業—」大橋昭一・竹林浩志編『現代のチーム制』同文舘，所収，2003年a, 91-108ページ等を参照のこと。
2) ただし，フレックスタイム制では，1.業務遂行の手段および時間配分への指示がなされる，2.時間算定の義務がある，3.対象者の限定がない等の点で裁量労働制とは異なり，裁量労働制よりも労働者の自律性発揮の余地は少なくなる。
3) 仕事生活と仕事を離れた生活は相互に関連しあっているとはいえ，人的資源管理の主たる対象は仕事生活である。それゆえ，対象となるものとそれ以外のものという区分にとどめ，仕事を離れた生活をさらに細かく分類していない。しかし，仕事を離れた生活をさらに区分する論者として，職業生活のみならず家庭生活・社会生活・自分生活の4つの生活の充実（4Lの充実）を説く[10]，特に第5章があげられる。
4) Mintzberg, H. *The Nature of Managerial Work*, New York: Harper & Row, 1973.（奥村哲史・須貝　栄訳『マネジャーの仕事』白桃書房，1993年。）
5) 例えば，人事部門のあるスタッフは「電話対応等が多いため，（個人作業である）非定型業務に対応できるのは，基本的に終業時間以降となることが多く，結果的に残業時間が多くなってしまう傾向にある」（[5] 151ページ）と述べている。
6) 「労働基準法第38条の4第1項の規定により同項第1号の業務に従事する労働者の適正な労働条件の確保を図るための指針」労働省告示第149号（平成11年12月27日）。
7) フレックスタイム制が仕事遂行の自律性を制度的に併せ持たなくても機能しているのは，ひとりひとりが境界を動かすことから生じる影響が，作業編成のあり方や弾力的な個人の担当職務など組織がもつ柔軟性によって吸収される範囲にとどまっているからであると考えられる。
8) http://www.worklifebalance.co.jp/chosa.html （2004年4月15日）。ここに

は，その他にも多数のワーク・ライフ・バランスに関する調査結果が掲載されている。また *Harvard Business Review on Work and Life Balance* Boston, Mass.: Harvard Business School Press, 2000. も参照のこと。
9) 田中秀臣『日本型サラリーマンは復活する』日本放送出版協会，2002年，136ページ。
10) 菅野和夫『新・雇用社会の法』有斐閣，2002年，223ページ。
11) 西谷 敏「新時代の労働法の課題」[6]所収，29ページ。その他にも，裁量労働制のホワイトカラー全体への拡大やエグゼンプションに反対する論者として，たとえば，川口美貴「ホワイトカラーの働き方—裁量労働制を中心として」同上書，所収，92-113ページ，鵜飼良昭「裁量労働の拡大は許されるか」『日本労働研究雑誌』489号，2001年，50-52ページ。なお，賛成，反対双方の論者の見解を見るには，たとえば，第156会通常国会 衆議院厚生労働委員会会議録第20号（国会会議録検索システム「第156回国会厚生労働委員会第20号平成十五年六月三日（火曜日）」http://kokkai.ndl.go.jp/SENTAKU/syugiin/156/ 0097/15606030097020a.html.）。
12) [7] 275ページ。
13) 「裁量労働（中略）に対して，出来高的な発想による刺激性の強い人事管理の仕組みはなじまない」との主張もある（[9] 253ページ）。
14) 森田，前掲稿，2003年 a 参照。

参考文献
[1] Fraser, J., *White-collar Sweatshop: The Deterioration of Work and Its Rewards in Corporate America*, New York: W.W.Norton & Company, 2001.（森岡孝二監訳『窒息するオフィス 仕事に脅迫されるアメリカ人』岩波書店，2002年。）
[2] 今野浩一郎「ホワイトカラーの労働時間管理」『日本労働研究雑誌』No.489, 2001年，48-49ページ。
[3] Michaels, Ed, Handfield-Jones, H., Axelrod, B., McKinsey and Company, *The War for Talent*, Boston : Harvard Business School Press, 2001.（度会圭子訳『ウォー・フォー・タレント："マッキンゼー式"人材獲得・育成競争』翔泳社，2002年。）
[4] 森田雅也「新しい人事労務管理システムとしての裁量労働制」『BUSINESS INSIGHT』第6巻 第4号，1998年，28-43ページ。
[5] 森田雅也「研究ノート：仕事における時間と空間の障壁克服のための一考察」『社会学部紀要（関西大学）』第35巻第1号，2003年 b, 145-155ページ。
[6] 西谷 敏・中島正雄・奥田香子編『転換期の労働法の課題』旬報社，2003年。
[7] 野原 光「閉じられた「自立」から開かれた「自律」へ」窪田曉子・高城和義編『福祉の人間学 開かれた自律をめざして』勁草書房，所収，2004年，257-293ページ。
[8] 佐藤 厚「人事管理の変化と裁量労働制」『日本労働研究雑誌』No.519, 2003

年，34-46ページ。
[9] 佐藤　厚『ホワイトカラーの世界―仕事とキャリアのスペクトラム』日本労働研究機構，2001年。
[10] 渡辺　峻『人的資源の組織と管理　新しい働き方・働かせ方』中央経済社，2000年。

［森田雅也］

第7章

成果主義の導入と個人の自律性
―企業内「共同体」変容との関連から―

> キーワード：成果主義，企業内「共同体」，労使協調型，同
> 質的同調競争，職能資格制度，年俸制，IT化

1. 成果主義導入による企業内「共同体」の変容

　日本企業社会において個人の自律性を阻害してきた大きな要因として，日本企業における企業内「共同体」の存在がある。欧米においては自律した個人を基礎とした市民社会が発達し，地域社会における共同体が社会において大きな役割を担ってきている。しかし，日本の場合，戦後，地域社会，血族，家庭の機能が低下し，企業が福利厚生，「終身雇用制度」，「年功賃金制度」を充実させ，従業員とその家族が企業組織と一体化し，企業内「共同体」を形成することを通して，企業組織に地域社会よりも高いアイデンティティを抱く企業社会が生成・発展させてきたと言える[1]。特に，同化主義的な企業内「共同体」の排他的性格が，会社や労使協調型（会社派）の労働組合の方針に従わない異分子（同化しない存在）を排除する方向に働き，「企業側」が強固な労働者統括をおこなってきたと言える[2]。しかし，このように強固

に形成されてきた日本企業の企業内「共同体」も変容・崩壊の危機にさらされている。

そのように，日本企業の企業内「共同体」が成果主義賃金制度によって大きく揺らいでいる。そして，1990年代以降のバブル経済崩壊以降の平成大不況の下で，成果主義賃金制度が導入され，納得いかない評価，大きな賃金格差等々の従業員間の不信が深まり，企業の大規模「人削減」リストラと連動して企業内「共同体」が解体される現象があらわれてきているのである。この解明を通して，1990年代（バブル経済崩壊）以降の日本企業社会がどのように変容しつつあるのかを探り，かつ個人の自立性拡大の可能性を探ることは重要な研究課題であろう。

まず，本章では，企業内「共同体」が戦後，日本において形成・再生産されてきた理由や経済的背景について論述し，その後，成果主義導入によって，企業内「共同体」が様々な形に変容しつつあることを論述したい。また，その結果，個人が企業の拘束から解放され，個人の自立性が拡大する可能性が深まったことについて考察することにしたい。

2．競争関係と企業内「共同体」形成・維持の並存

(1) 終身雇用・年功序列と企業内「共同体」

これまでの日本企業社会に関する諸研究では，「組織された競争関係」については論述がなされてきたが，「競争関係」と「共同体」の形成という相反する事象が，日本企業社会においてともに起っていることには，充分な説明がなされてこなかった。

その点について述べると，日本企業社会における組織された競

争関係に基づく「共同体」は、「終身雇用」、「年功序列制度」、「人事査定」などを基礎としながら、その競争過程において、「同質的同調競争」をおこなうことによって形成され再生産されてきたと理由づけると説明がつこう。すなわち、日本企業社会では、「終身雇用」・「年功序列」を建前としつつも、厳しい選別と淘汰がおこなわれ、そこでの選別・淘汰基準は、能力とともに、人事査定において協調性といった項目を評価項目に入れることで組織への同質性や同調性が厳しく求められるのである。そのため、自分が自らの所属している従業員組織集団に他の従業員よりも、より同質同調し、「協調性」を有していることに努力がはらわれることになる。その結果、個人は、競争に生き残るためには、より組織に同質・同調化することになる。それがより強固な同調行動を生み、感情もより同質・同調（感情の共有）の方向に向かうため、企業内「共同体」が形成・再生産されるのである[3]。

いわば、「共同体」を形成する基本的要素である「価値観・規範・感情の共有」や「集団的同一・同調行動」が人事査定の基準となることで、企業内「共同体」の再生産への維持・貢献が昇進・昇格の大きな要因となり、競争と「共同体」の維持が矛盾なく並存しえたわけである。

(2) 企業内「共同体」の維持とコミュニケーション

また、日本企業では、小集団活動に代表される職場レベルのフォーマル、インフォーマル組織が、縦ライン・横ラインで無数にはりめぐらされてきた。日本企業の企業内「共同体」は、小集団活動といった企業によって組織されたものから、企業内の派閥・学閥といった社会的集団、上司と部下といったインフォーマ

ル組織に支えられ成立してきたと考えている。

　日本企業では,それぞれの企業内のインフォーマル組織において,メンバー相互間のコミュニケーションがおこなわれる。また,そのコミュニケーションを通して形成されたアイディアが,現実の作業や労働,企画などの改良や改善に有効に機能し,メンバーの「モチベーション（やりがい）」や「はりあい感」を生み出すこととなっている。

　また,企業内共同体内部のインフォーマル組織やフォーマル組織におけるコミュニケーションは,仕事や企画のことのみならず,家庭生活,恋愛,子供の教育などの多岐に及ぶ悩みまでも対象としておこなわれている。これによって,労働生活上の企業内「共同体」は,時に,家庭や地域などのコミュニティと同等,もしくはそれ以上の重要性と帰属意識をもつこととなっている。ここに,日本の労働者が,一日の大半を,労働生活として生活しても,孤独感や孤立感,疎外感を感じずにすごすことができた理由がある。

　私がおこなった総合商社のホワイトカラー労働者の調査研究でも,激しい従業員間競争や過労死に至る長時間労働を忌避しながらも,企業内の自らの所属する学閥や派閥（企業内「共同体」）のために,能動的・主体的に競争に参加せざるをえないホワイトカラー労働者の姿を見ることができた[4]。

　また,日本企業社会のインフォーマル組織は,前述した「場の共有」と「共同体の特殊利益の保全（派閥・学閥の論理）」という機能以外に,企業組織内に張りめぐらされたインフォーマル組織によって,会社や労使協調型（会社派）の労働組合の方針に従わない（同一的同調行動をしない）人物の摘出をおこない,上司

の人事考課や人事部と連動してそのような人物を配置転換(左遷)や早期退職に追い込むという労使関係管理機能も担うことにあった。いわば、そのようなインフォーマル組織は、「インフォーマル組織の中心人物(多くは年長・上位役職者)」や「人事部等のフォーマル組織」と密接に結びつき、従業員情報提供等の見返りとして、インフォーマル組織集団構成員のフォーマル組織(企業組織)での昇進・昇格・配置への有利な処遇を受けることになる。これは、同化主義的な企業内「共同体」の排他的性格が、会社や労使協調型(会社派)の労働組合の方針に従わない異分子(同化しない存在)を排除する方向に働き、「企業側」が強固な労働者統括をおこなってきたと言える[5]。

しかし、このように強固に形成されてきた日本企業の企業内「共同体」も変容・崩壊の危機にさらされている。

3. 1970年代以降の経済的諸環境の変化と企業内「共同体」の変容

国際競争の激化と人件費の削減を背景として年功賃金制度、終身雇用制度に替わってでてきたのが、成果主義賃金制度であった。成果主義賃金制度が企業内「共同体」に与える影響は、「共同体」の構成員間の競争を激化させ、企業内「共同体」が変容・崩壊するという点にある。

この問題はすでに、1970年代後半以降、職能資格制度などの能力主義の導入における従業員間の昇進・昇格格差の問題として顕在化している。そこで、労務管理制度論の視点から職能資格制度に潜む「競争と共同体」の調整機能について絞って論述してみよ

う。職能資格制度を分析すると，企業内「共同体」を維持しつつ，従業員間の競争関係を更に強化しながら，従業員の選別淘汰をおこなう仕組みがすでにビルトインされている。

それは，第一に，職能資格制度の評価制度のポイントにおいて，まず，協調性など「共同体」の維持を重要視する基準を設定し，「共同体」維持の側面も評価にとりいれた点，第二に，上司による全人格的評価を評価に取り入れることで，上司との協同関係を深めることで，縦系列での共同性（「共同体」化）をはかった点，第三に，職能資格制度においても年齢別モデル賃金を設定し，「能力主義」の中にも勤続年数を加味して給与体系を設計している点，第四に，各等級に標準滞留年数を設けることで，一足飛びでの昇格による上司と部下の年齢の逆転現象などをおこらなくした点，などがある[6]。

また，職能資格制度では，一次査定を直属の上司がおこない，それらの結果がさらに上の役職者によって，部内全体の調整（二次査定）がはかられ，それが人事課等の人事専門部署にまわされて全社的な調整（三次査定）がはかられることとなっている。二次査定，三次査定において分布制限をおこない，査定結果をあらかじめ決めておいた結果にあわせるのである。このような人事査定をおこなうことで，欧米のような一次査定時に絶対評価をおこなっても，二次査定・三次査定時に相対的評価に置き換わる仕組みとなっている。したがって，職能資格制度の人事査定には，競争関係強化と企業内「共同体」維持のバランスをはかる機能が内在していた[7]。

このような職能資格制度から成果主義人事制度への変更による企業内「共同体」の変容・崩壊を，歴史的視点から見れば，製品

市場・労働市場との関係が深い。そこで，次にこれまでの議論を整理して，日本の企業内「共同体」の形成と再生産，そして，その変容・崩壊の過程を市場と関連づけて論じることにしたい。

製品市場の拡大期である高度成長期（1950年代から1960年代）には，終身雇用・年功序列に代表される労働者を企業内に確保し定着せしめる全従業員に対する「長期雇用保障（長期交換契約）」によって，日本の企業内「共同体」が形成された時期と位置づけできる。この点は，「長期雇用：終身雇用」や「企業内福祉の形成」という面において，田中洋子氏の指摘するドイツのクルップ社の「共同体」の形成と類似のものがある。反面，この時期形成されたもので，欧米の「共同体」形成の要素として異なるのが，「年功昇進・年功賃金制度」と「企業内組合」であった[8]。

また，労働市場論から見れば，外部労働市場の未発達と熟練技能者をはじめとする希少労働力不足から企業内部における技能向上とそれらの技能者の囲い込み（外部労働市場への流出阻止）のために，経営者側が，意図的に，企業内「共同体」を形成し，賃金以外のインセンティブをつくった時期とも言えよう。

それが，高度経済成長期の終焉とその後の石油ショックによって，市場の拡大期から安定低成長期（1970年代から1980年代）となり，職能資格制度が「能力主義管理」として導入されたが，協調性等の「同質的・同調競争」をはかることで，競争原理と「共同性」を並存させることで，日本の企業内「共同性」をよりゲゼルシャフト（利益社会）的関係にしつつも，再生産させてきた。職能資格制度に見られる人事査定は，欧米において，労働組合が拒否し，ブルーカラーへの人事査定は行われていない。これに対して，日本では，「労使協調型」の労働組合において，積極的に

関与・賛同する形で、ブルーカラーも含む全従業員への適応が進んでいった経緯がある[9]。

しかし、バブル経済崩壊以降（1990年代から21世紀）、長引くデフレ不況下においてグローバライゼーションによる製品市場の競争激化、海外への生産拠点の移転による内部空洞化（国内工場の廃棄）などを背景として、労働者を企業内部に抱え込むその経済合理性が低下し、その結果、企業側は「長期雇用保障」の建前さえなくし、協調性等の「同質的・同調競争」の基礎を提供してきた職能資格制度を、成果主義人事制度に大きく改変し、日本の企業内「共同体」が大きな変容・崩壊期に入ったと言えよう。

上記のような歴史的変遷から考察をおこなうと、資本主義企業は、市場の論理に規定され、かつ、その社会の伝統的な考え方や価値観、慣習や制度が、市場の論理や技術変化にとって適合的であれば、その社会の伝統的価値観、慣習や制度を資本主義的に活用することを通して、利潤の極大化をはかろうとする。社会の伝統的な考え方や価値観、習慣、制度を資本主義的な企業行動に利用することを通して、企業内「共同体」を形成するのである。そして、企業内「共同体」が形成されると、今度は反対にその企業内「共同体」に属する従業員（労働者、管理者）やその家族の考え方や価値観が、企業内「共同体」において形成される社会的規範に大きな影響を受けることとなる。これが、日本の1950年代から1980年代における時期と言える。

反対に、その国の社会の伝統的な考え方や価値観、慣習、制度が市場の論理、技術変化や企業発展に非適合的である場合、資本主義企業やその経営者団体、さらに経営者団体の支援を受けた政府は、その国の社会の伝統的な考え方や価値観、慣習とは異なる

価値観や意識を研修や教育，宣伝等を通して刷り込もうとする。そこに，従業員が，資本主義企業やその経営者団体の望む「意識」の先取りをおこなったり，反対に，企業の望む経営・人事政策と従業員の考え方や価値観，慣習との間に摩擦を生じ，その結果，企業発展に停滞をもたらすことにもなる。

次に，成果主義賃金制度の導入が企業内「共同体」をどのように変容させるのかについて明らかにしたい。

4. 成果主義導入による企業内「共同体」の変容とその背景

前述してきたように日本企業において成果主義人事管理制度の出現は，日本の企業内「共同体」の組織と凝集性を変容もしくは消滅させつつある。

それは，成果主義人事制度の導入が，業績拡大期に導入されたのではなく業績停滞期や業績下落期に人員削減「合理化」の手段として導入されたため，ごく少数の給与アップ層と大多数の給与ダウン層が発生している。そのため，年俸制度は減俸制度と揶揄され，給与ダウンした多数の従業員のモラールが低下し，企業内「共同体」への凝集性が失われる結果となっている[10]。

また，職能資格制度では，楠田式等の標準的な全国共通のスタイルが存在し，従業員側にとっても導入前から理解がしやすいものであった。これに対して，日本における成果主義人事制度では，各企業において成果のはかり方や基準がまちまちであり，そのために従業員の意識に大きな混乱を引き起こし，ひいては組織の凝集性と共同性を失わせる原因となっている。いわば，成果主

義賃金制度の成果を判定する「基準」が不明確であり，その人事評価プロセスや結果が全従業員に納得できないケースが多く見られる。また，成果主義賃金制度では，これまで，人事査定では，協調性といった項目を評価項目に入れることで組織への「同質性」・「同調性」が厳しく求められてきたが，成果主義賃金制度では，協調性といった人事査定項目が後退し，数値によって判定しうる個々の従業員や所属部署の企業への貢献度（売り上げ高等）が評価の中心となり従業員間の競争関係が全面にでることとなった[11]。

成果主義人事制度は，本来，労働市場の価値を賃金に反映させる点に，市場と労働者間競争の連動性を高める機能を有している。したがって，技術革新によって市場的価値が低くなった技能者や労働者は，それまでの企業への貢献度によって獲得してきた賃金額よりもより低い労働市場に連動した市場価値的賃金の方向に引き下げることとなっている。

上記のような市場原理に基づく従業員間の競争関係の強化と公正さに欠いた成果評価制度は，企業内「共同体」の基礎となってきた全従業員間での「価値観・規範・感情の共有」や「集団的同質・同調行動」を崩すこととなり，企業内「共同体」の変容・崩壊へと導きつつある。

また，前述してきた1990年代以降の成果主義賃金制度導入と企業内「共同体」の変容・崩壊の背景としては，先に述べた総人件費抑制以外に，IT化，若い従業員の意識変化，正規雇用の絞り込み，労働・労働組合の停滞・衰退などがある。

日本企業の組織改革では，IT化による情報システムの高度化を基礎として中央集権的なピラミッド組織構造から情報的特性を

生かした開放的で柔軟な自律分散型構造への転換がはかられた企業も現出している。閉鎖的な情報管理から電子ネットワークによる情報の共有化,日本的な稟議制度・集団責任制度からグループウェアを伴った電子稟議制と成果主義人事制度の自己裁量制度,個人責任制度への転換がはかられている。企業内の情報ネットワーク的関係は,情報の効率性・合理化の面から従来の縦の階層性から個別化を基礎とした開放的な有機的共有化が進展している。このような日本企業のピラミッド関係構造から自律分散型関係構造への転換は,企業経営に,企業内人間関係(企業内「共同体」)を基礎とした社会的統合からIT化による情報システムの高度化を基礎とした情報ネットワーク的関係による社会的統合への転換をはかっていることが考えられる[12]。

ただ,情報システムが高度に導入され,企業内人間関係(企業内「共同体」)を基礎とした社会的統合からIT化を基礎とした社会的統合への転換をはかれている企業は,21世紀の初頭の日本において量的に見ても出現しはじめたという段階にあり,すべての日本の民間大企業がそうなったわけではない。

また,1999年の諸意識調査によれば,若い従業員の意識変化も顕著であり,同じ会社で定年まで働きたいという意識が低下し,「終身雇用」の意識が希薄化しつつある。また,「年功制」に関しても,能力主義・業績主義に対して肯定的な傾向が見られ,年功序列制は意識上崩壊しつつあると言える[13]。

また,日経連の報告書『新時代の「日本的経営」』に代表される正規雇用層の絞込みと派遣労働者,パートタイム労働者をはじめとする非正規雇用層の拡大は,正規雇用層を中心とした企業内「共同体」の変容・崩壊を加速させている。1995年2月と2001年

2月を比較すると日本の雇用者総数は，218万人増大して，4万986万人となっているが，正規雇用層は，140万人減少し，その反面，パートタイム労働者や派遣社員，契約社員，臨時的雇用者などの非正規雇用層が357万人増大し，1千346万人となっている[14]。

1998年の労働者派遣法の改正に，その対象業務が原則自由・例外禁止となった派遣労働者は1000人以上の大企業で導入が大きく拡大し，1999年で106万7千949人と100万人を超えている[15]。

また，日本の企業内「共同体」の機能は，「労使協調型」労使関係の維持であったが，労働・労働組合運動の停滞・衰退の中，集団的な労使交渉によらない，成果主義賃金制度による「個別的」労使関係への移行が，労使の力関係の中で経営者側が可能となってきたと判断している点がある。2000年6月30日の単一労働組合の組合数は3万1千185組合，労働組合員数は1153万8千557人であり，99年と比較して，労働組合員数は28万6千36人減少している。そして，雇用者に占める労働組合員数の割合である推定組織率は，前年より0.7％低い21.5％で過去最低を更新続けている[16]。

5．成果主義導入による企業内「共同体」の変容の諸類型

(1) 企業内「共同体」の変容の成果主義導入の類型化

成果主義賃金制度は，個別民間企業において，その形態や内容が，職能別資格制度と異なり，統一的な形態がなく，様々である。導入される成果主義の諸類型によって，日本の企業内「共同

体」も，変容から崩壊まで様々なバリエーションを見せることとなっている。ここでは，どのような成果主義賃金制度（広くは成果主義人事制度）の導入によって，企業内「共同体」が，どのような変容・崩壊のパターンを見せるのかについて，筆者独自の企業に対するヒアリング調査[17]をもとに，分類を試みることにしたい。

① 企業内「共同体」の崩壊パターン

企業内「共同体」の崩壊パターンは，外資系企業によって買収や多額の有利子負債を抱えた日本大企業が，銀行や政府の圧力による大きな人員削減「リストラ」によって，アメリカ的な HRM（人的資源管理）により近い成果主義人事（中核には賃金）制度が導入することで，それまで存在してきた企業内「共同体」が崩壊するパターンである。日本大企業において，男性ホワイトカラーの企業内「共同体」は企業において派閥・学閥等々によって形成され，昇進と昇格と引き換えに，企業内「共同体」への高いロイヤリティを維持してきた。しかし，これまで比較的中核層として雇用と昇進を保証されてきた男性ホワイトカラーのこれら企業内「共同体」が崩壊することが考えられる。アメリカ的な HRM（人的資源管理）に基づく成果主義人事（中核には賃金）制度の導入には，チームワーキング等の集団的生産や改善・合理化活動などの職場の「共同体」化を必要としないホワイトカラーを中心とした大企業であるかなどの労働力構成にも大きく関係している。

② 企業内「共同体」の半崩壊パターン

企業内「共同体」の半崩壊パターンは，上の年代の世代には企業内「共同体」が形成されてきたものの下の若い世代には企業内

「共同体」は形成されず,上の世代の企業内「共同体」も次第に崩壊しつつある状況のパターンである。

③ 企業内「共同体」の存続・維持パターン

企業内「共同体」の存続・維持パターンは,職能資格制度に見られた「競争」と「共同」の並存をはかるような成果主義人事(中核には賃金)制度を導入し,企業内「共同体」をより「利益共同体」に再編し,その「共同性」を低下させつつも,競争関係の強化をはかったり,より福利厚生制度を充実させるなど時代の趨勢に逆行したような人事政策をとることで,旧来型の企業内「共同体」を強化することで,企業の競争力を確保しつづけることである。

そのような場合,企業内「共同体」の存続・維持のパターンでは,賃金上昇圧力の下,賃金そのものに関して成果主義をとりながら,それ以外の諸制度をはかることで企業内「共同体」の維持をはかってゆくパターンがある。「市場の論理」による経済合理性から日本企業は,成果主義賃金による総額人件費の抑制と人材の戦力強化をはからざるをえないが,経営者の経営理念によって,賃金制度以外の企業内福利厚生制度等を残すことで,企業内「共同体」を維持させようという動きもある。

(2) 成果主義導入の諸類型と企業内「共同体」変容の関連性

成果主義の類型と企業内「共同体」の変容・崩壊等のパターンとは関連性がある。外資系企業,外資系企業に買収された日本企業やベンチャー企業などでは,「日本型」成果主義賃金制度が導入され,企業内「共同体」が崩壊したり,企業内「共同体」が成立しないこととなる。「日本型」成果主義人事制度では,年功は

無視され，世代・年齢に関係なく実力に応じて役職が任命され，貢献に応じて，すべての従業員の年俸が決定されることとなる。個別的業績管理が徹底され，日本企業において見られてきた旧来型の「共同体」的な人間関係が重視されなくなる。新入社員から管理職昇進前までの社員の基本給を一律として定昇を廃止した日興コーディアル証券などがこの代表例と言えよう[18]。このような人事システムのもとでは，日本の企業内「共同体」の成立要件が存在しない。また，大きな人員削減「合理化」を前提として，「日本型」成果主義人事制度を導入し，企業内「共同体」を意図的に崩壊させることを通して，人員削減「合理化」を一層すすめる日本大企業もある。

(3) 成果主義導入による従業員階層化にともなう企業内「共同体」の変容

成果主義の導入は，日経連が『新時代の「日本的経営」』[19]において提示した企業内の従業員の階層化を一層進展させ，同一企業内であっても，階層化された従業員層によっては，企業内「共同体」がより一層，凝集性をもって形成されたり，反対に解体されたりすることが想定される。

従業員の階層化は，大きく分けて，長期蓄積能力活用型グループ，高度専門能力活用グループ，雇用柔軟型グループの三層にわけられる。長期蓄積活用型グループは，経営役員候補層であり，長期雇用を前提としている。それゆえ，この層では，企業内「共同体」がより凝集性を高めていることが想定される。この層は，ホワイトカラーの管理職を中心として形成されている。高度専門能力活用グループは，中期雇用層であり，その層の企業内「共同

体」は解体に向かうことが考えられる。高度専門能力活用グループの代表的職種は，ブルーカラーの熟練技能者やホワイトカラーの技術者，会計・法務等の専門職層である。また，雇用柔軟型グループは，短期雇用層であり，この層の企業内「共同体」も成立が困難になりつつあることが考えられる。この層は，不熟練・半熟練層であり，また，一般事務職層である。

(4) 成果主義導入における従業員の性差にともなう企業内「共同体」の変容

もう一つの成果主義導入に関わる企業内「共同体」変容の類型化としては，従業員の性差による差異がある。男性従業員の全社的企業内「共同体」は成果主義導入により寸断され，解体・変容することが想定される。これに対して，自由に形成された女性従業員のヴォランタリーアソシエーションは，その「共同性」を維持することができれば，成果主義人事導入によって，人員削減を受けつつも，「共同体的連帯」を強めうる可能性を想定している。日本企業社会のもう一つの大きな側面は，日本企業社会が家父長制原理による「男性中心社会の側面」と女性を低賃金労働者に固定するといった「資本主義的な低賃金労働としての労働力利用の側面」の2側面を有しており，日本の企業内「共同体」を語る時にも，企業内「共同体」における女性労働者の問題を看過することはできない[20]。

男性中心の企業内「共同体」を越える原理として，働く女性の産業・企業の枠を越えたヴォランタリーアソシエーション活動に「働く女性のヴォランタリーアソシエーション」がなりうるのではないだろうか。

6. 成果主義導入による企業内「共同体」の変容と個人の自律性拡大

　前述した成果主義導入による企業内「共同体」の変容の諸類型をみる時，日本企業社会が，従来のような単一の企業社会的価値観に基づく単層社会ではなく，組織によっては様々な価値観にわかれるモザイク型社会に移行しつつあることが想定される。企業内「共同体」が存続・維持される企業組織では，あいかわらず企業社会的価値観が再生産される反面，企業内「共同体」が全崩壊，半崩壊してゆく企業組織では，従業員個々人が多様な価値観を模索しつつある。

　そして，日本社会が，企業社会からモザイク社会への移行が1990年代のバブル経済崩壊期におこったことは，1990年代が日本資本主義の戦後経済の分水嶺期であったこととも深く関係しているかもしれない。イギリス資本主義の場合，製造資本主義から早い段階で金融・情報資本主義に移行した。これに対して，日本資本主義は，バブル経済期が製造資本主義から金融・情報資本主義への移行期であったかもしれなかったが，バブル経済の崩壊によって，その移行に失敗し，製造資本主義にはとどまったが，その質を大きく変化させることとなった。それは，六大企業集団の再編，大企業間の合併・吸収にはじまり，あらゆる産業・大企業のリストラクチュアリングや成果主義の導入へとむかっていった。その点からも，日本社会の企業社会からモザイク社会への転換が日本資本主義の経済変動に規定された不可避的変化であるとも考えられる。

そして，日本企業社会からモザイク社会への移行は，様々な個人の自立性拡大の可能性を暗示している[21]。特に，企業内「共同体」の崩壊パターンでは，「企業を超えた組合共同体」を形成する可能性を有している。事実，地域ユニオンや女性ユニオン，管理職ユニオンなどの活動が活発化している。

また，日本企業における企業内「共同体」の崩壊パターンでは，個人（従業員）のアノミー化，バラバラ化が進行する一方で，他面では「自由な主体としての個人」を中心とした新しいタイプの共同性が生まれつつあるし，それが社会変革の契機となりつつある。そのような新しいタイプの共同性としては，日本企業から離職した層への支援と心の支えをおこなう NPO「働きたいみんなのネットワーク」[22]，働く女性の機会均等を求める WWN（ワーキングウィメンズネットワーク）[23] や労働組合運動にも就労したいにもかかわらず就労できず不安定雇用になっている青年労働者層を中心に「首都圏青年ユニオン」の結成・運動の展開などを見ることができるかもしれない。

また，日本企業における企業内「共同体」の崩壊パターンによる個人（従業員）のアノミー化，バラバラ化の進行によって，企業から離職した人々が産業界以外の農業，漁業，林業等の分野に移り，地域社会の新しい活性化や安全な食のネットワークをつくる活動をおこないはじめている。例えば，バブル経済崩壊を教訓に，もう会社に頼ることは出来ない，自分でいきてゆくことが求められていると強く感じて，就農し，安全な食のネットワークとなる NPO をたちあげる人などがその代表であろう[24]。

ただし，日本企業社会からモザイク社会への移行は，様々な個人の自立性拡大とそれを基礎とした新しい共同性を誕生させつつ

あるが，それはいまだ限定的なものであり，いまだ企業社会的統合原理が日本社会の中心として機能している。限定的・部分的なそのような新しい共同性の萌芽が，今後，日本社会においてどのようになるのかについて探ることは，今後の研究課題としたい。

注
1) 渡辺　治『「豊かな社会」日本の構造』労働旬報社，1990年，守屋貴司「『日本企業社会』論への一考察」『産業と経済　奈良産業大学経営学部創設記念論文集』1999年，12月，同「日本企業社会における企業内『共同体』と成果主義賃金制度」『産業と経済』第18巻第1号，2003年3月，参照。
2) 十名直喜『日本型フレキシィビリティの構造―企業社会と高密度労働―』法律文化社，1993年，53-61ページ。
3) 宮坂純一「『日本的経営』と労使関係」海道進・森川編著『労使関係の経営学』税務経理協会，1999年，47-52ページ。
4) 守屋貴司『総合商社の経営管理―合理化と労使関係―』森山書店，2001年。
5) 十名直喜，前掲書，53-61ページ。
6) 黒田兼一・関口定一・青山秀雄・堀　劉二『現代の人事管理』八千代出版社，2001年，84-93ページ。
7) 遠藤公嗣『日本の人事査定』ミネルヴァ書房，1999年，89ページ。
8) 国際比較上，「勤続年数のみによって賃金が自動的に上昇する賃金制度は見あたらない。賃金総額がブルーカラー労働者を含め平均的に50～55歳まで上昇する年功賃金は日本固有の賃金制度と言えよう。」奥林康司・今井斉・風間信隆編著『現代の労務管理の国際比較』ミネルヴァ書房，2000年，187ページ。
9) 遠藤公嗣，前掲書，参照。
10) 守屋貴司「日本大企業の経営管理改革と人事・労働：雇用の多様化・所得格差拡大の背景」平澤克彦・守屋貴司編著『国際人事管理の根本問題―21世紀の国際経営と人事管理の国際的新動向―』八千代出版，2001年，参照。
11) 遠藤公嗣，前掲書，1999年，参照。
12) 重本直利『社会経営学序説―企業経営学から市民経営学へ―』晃洋書房，2002年，136-161ページ。
13) 「99年度新入社員の意識と行動」『労政時報』第3416号，1999年10月8日。
14) 総務省『労働力調査特別調査』2002年2月。
15) 厚生労働省『労働者派遣事業の1999年事業報告の結果について』2000年。
16) 厚生労働省『労働組合基礎調査2001年版』2001年。
17) 2001年から2002年にかけて，労働組合団体組織，経営者団体，労働組合等の専従担当者，民間企業8社の人事担当者を担当者に対して，成果主義人事制度と企業内「共同体」の変容をテーマとしてヒアリング調査をおこなった。詳しくは，

守屋貴司「中小企業への成果主義賃金制度の導入と従業員の意識・企業内『共同体』」『産業と経済』第17巻第4号，2002年12月，同「日本企業への成果主義賃金制度導入のパターン分類とその問題性」『産業と経済』第18巻第2号，2003年6月，参照。
18) 「嫉妬の給与格差」『週刊ダイヤモンド』2000年12月16日。
19) 日本経営者団体連盟『新時代の「日本的経営」』1995年。
20) 柴山恵美子・藤井治枝・渡辺　峻編著『各国企業の働く女性たち』ミネルヴァ書房，2000年，藤井治枝『日本型企業社会と女性労働』ミネルヴァ書房，1995年，参照。
21) 渡辺　峻教授は，日本企業において新しく生まれた「自立した個人」が「競争に駆り立てられる会社人間であることよりは，社会生活人，家庭生活人であることを求めて」おり，「すなわち，企業組織内の狭い集団主義的・経営家族主義的な人間関係の中に拘泥することなく，広い社会的なヒューマン・ネットワーク，すなわち広い視野をもった自由な『個の連帯』を媒介することによって，社会生活人・家庭生活人としての『生きがい』や『満足』を得ることになり，また，ますます多数派がそのような生き方の選択をしていると言えよう」と指摘されている。渡辺　峻『企業組織の労働と管理』中央経済社，1995年，203ページ，参照。)
22) 山口純子「企業中心社会とネットワーク型組織」木田融男・浪江　巌・平澤克彦・守屋貴司編『変容期の企業と社会』八千代出版，2003年，参照。
23) 守屋貴司「日本の企業内『共同体』と女性の企業を超えたアソシエーション活動」『産業と経済』第18巻第3号，2003年9月，参照。
24) 『田舎暮らしの本』2002年1月号，79-81ページ，田中淳夫『田舎で起業！』平凡社，2004年，参照。

[守屋貴司]

第 8 章

NPO と個人の自立性
―企業経営学から市民経営学へ―

キーワード：社会的自己実現，4Lの充実，好縁社会，個の
連帯，市民経営学

1．日本企業社会の変容と個人の自立性

(1) 企業中心社会と個人の自律性

　企業の経済活動が社会の中心に据えられてきたこれまでの日本社会では，企業で働く人々は職務を遂行する際の「自律性」が求められてきた。企業目的（利益拡大）の達成に向けて自ら問題を発見し，意思決定して行動する「自律した個人」が求められたのである。このような現実を反映し，経営学研究の分野でも労働現場のみに焦点を当てて「個人の自律性」が分析され，議論される事が多かった。しかし，職場で如何に「自律」していようと，その個人の生活全体が「職場生活」に偏っており，家庭生活や地域社会での活動，さらには自分自身の時間が全く無いような状態では，トータルな人間として「自立」しているとは言えないであろう。仕事生活のみならず，家庭生活や地域社会での活動をバランス良くこなしてはじめて，真の意味での「自立した個人」と呼べ

るものと筆者は考える[1]。

　現実を見ても，企業の労働現場で「自律的」に職務を遂行している個人が全て，筆者の考える「自立した個人」として生活しているとは言えないであろう。企業戦士と呼ばれ，職場で生活時間の大半を過ごす個人（主として男性）は，家事や子育て，親の介護等の家庭での役割はほとんど果たしていない場合が多い。ある意味，家庭内では女性が「自律的」に活動しており，男性は「他律的」（女性の言いなり）に活動している場合が多いのではないだろうか。

　より豊かな国民生活を実現するには企業活動が中心となった社会から，人間生活が中心となった社会へ移行する必要があると言われている。もちろんこのことは，企業活動が私たちの生活を支え，物質的な豊かさをもたらしていることを否定するものではない。社会全体の中で「企業活動の側面」のみが最優先され，家庭生活や地域社会生活等の他の側面が軽視される点に問題があるのである。人間生活が中心となる社会では，多種多様な価値観が尊重されると共に，個々人が自覚を持って周りの人々と協力・協働することが必要であろう。個人は特定の「場」（職場や家庭）のみに帰属するのではなく，さまざまな「場」にバランス良く帰属すると共に，それぞれの「場」において「自律的」に活動する必要があると思われる。そのためには，職場や家庭以外の新たな活動の「場」が社会の中で広まっていく必要があるだろう。本章では，NPOを新たな活動の「場」として捉え，そこでの活動を通じて個人が真に「自立した個人」として創造されていく可能性について考察していくことにする。

　ではまず，これまで特定の組織（場）に帰属し，活動していた

個人の意識が次第に変化しつつある現状を見ていくことにする。

(2) 日本的な雇用慣行と個人の属する「場」

　終身雇用・年功序列賃金といった日本的な雇用慣行が有効に機能し，いわゆる「日本的経営」がもてはやされた頃，企業で働く個人は会社に対して忠誠心や帰属意識を持って働く存在として捉えられていた。このような企業と労働者との関係は，「日本型企業社会」の一側面であり，日本の高度経済成長に大きく貢献するものであった。日本的な雇用慣行は，景気変動の波を受ける中でさまざまな修正が加えられては来たが，日本経済の成長を支える一つの要因として機能し，近年まで維持されてきた。

　高度経済成長期およびそれに続く安定成長期の日本では，男性が会社に強い帰属意識・忠誠心を持つ一方，女性が家庭機能を担い，男性の会社中心の生活を結果として補助することが多かった。「男は仕事，女は家庭」という考え方が当然のこととされ，性的な役割分担が，男性・女性の帰属する「場」を固定化させていった側面は否定できないであろう[2]。

　しかし，バブル崩壊に伴う長期的な不況と近年のグローバル化の流れが，従来の日本的な雇用慣行のあり方を大きく変化させた。大規模なリストラ解雇，年俸制に代表される成果給・業績給制度の導入等によって，終身雇用や年功序列といった制度的枠組みが大きく変化している。男性は会社に対していくら帰属意識を持ち，忠誠心を持って働いていたとしても企業業績が悪化すれば容易に解雇されてしまうことになり，「定年まで一つの職場で働き続ける」ことが困難な時代になっている。

　また，政府によって提唱されている「男女共同参画社会」と

いった考えのもと，各種の政策提言がなされると共に，女性の職場進出を後押しする法整備も進められてきた。企業の側も法令遵守といった受け身的な位置づけのみならず，女性の感覚を経営に反映させるといった積極的な意味からも，より多くの女性を採用するようになっている。男女間の処遇格差や雇用形態のあり方などさまざまな問題があるとはいえ，女性の職場進出は確実に進んでいると言えよう。

このような流れの中，個人が家庭や職場など一つの「場」に全面的に帰属することに対する意識が徐々に変化している。個人の意識のレベルでは，自ら人生設計を行い，それに適合した自己実現の場を望む志向が高まってきている。これを社会全体で見た場合，個人が「職場」もしくは「家庭」へ一方的に帰属するスタイルは変容しつつあるのである[3]。

図8-1で見るように，「男は仕事，女は家庭」という考え方が時代と共に大きく変化してきている。昭和62年には，「男は仕事，女は家庭」という考え方に同感すると答えた人が43.1％であったのに対して，平成2年には29.3％に減少し，その後26.8％（平成7年），25.0％（平成12年）と徐々に減少している。一方，「男は仕事，女は家庭」という考え方に同感しない人の数は，昭和62年に26.9％だったのに対し，平成2年には39.1％に増加し，その後48.0％（平成7年），48.3％（平成12年）と確実に増加している。さらに，平成12年度の数値を見た場合，女性の53.5％が「男は仕事，女は家庭」という考え方に同感しないと回答している。このように，バブル経済崩壊後の長期不況の中で，個々人の意識の側面において，一つの「場」に帰属し続ける生活スタイルには賛同できなくなっているのである。

図8-1 「男は仕事，女は家庭」という考え方について

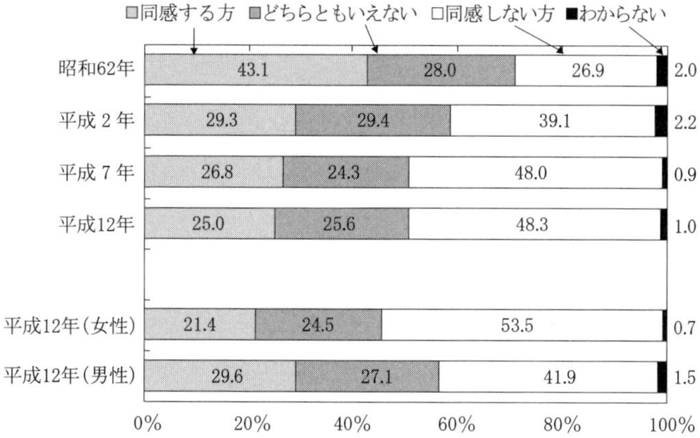

□同感する方 ■どちらともいえない □同感しない方 ■わからない

	同感する方	どちらともいえない	同感しない方	わからない
昭和62年	43.1	28.0	26.9	2.0
平成2年	29.3	29.4	39.1	2.2
平成7年	26.8	24.3	48.0	0.9
平成12年	25.0	25.6	48.3	1.0
平成12年(女性)	21.4	24.5	53.5	0.7
平成12年(男性)	29.6	27.1	41.9	1.5

（出所）　内閣府「男女共同参画社会に関する世論調査」（平成12年）。

　以上，現代の日本における企業中心社会の変容，およびそこでの個人の意識変化の様子を「個人の所属する『場』」という視点から簡単に概観した。個人は特定の「場」に所与的・固定的に帰属するのではなく，選択的に帰属しつつあるのである。では，そのような意識変化の背景には何があるのであろうか。次に，渡辺峻氏の論に依拠しながら，企業における雇用管理の多様化が個人の自律性・自立性に与える影響について見ていくことにする。

2．企業経営・雇用管理の変化と自立した個人

(1) 渡辺峻氏による「企業活動を分析する際の三側面」

　渡辺峻氏は，その著書において「いかなる分野の科学であろうとも，研究対象としての客観的な事実・事象の進展と，他面にお

ける研究の深化・発展との関連によって，その科学的方法論を絶えず鍛えていくことが，科学の前進にとって不可欠であろう（[9] 206ページ)」と述べ，現実を反映する形で研究を深化させていく必要性について指摘する。また，次のように述べ，現象と本質を見極めることの重要性，および学問の役割について指摘している。

「一般的に言って，科学とは自然や社会の諸現象の本質を究める知的営みのことである。現象とは私たちの日常に客観的に生起している多様な見たままの皮相的な事象のことである。従って，現象はたえず具体的で偶然的であることを特徴としている。そのように事象を現象させる内的法則性が本質といわれるものである。本質は抽象的であり必然的であることを特徴としている。本質はそのまま目に見える形で認識することは出来ない。それどころか本質はしばしば事象を転倒させて現象させる。だからこそ本質を究める科学は必要なのであり，また本質について体系的に記述する学問の役割がある。（[9] 209ページ)」

以上のように渡辺氏は，科学的方法論を鍛えることを通じて研究を深化させる事の重要性を指摘した上で，現実企業の経営活動を分析する際に必要となる3つの側面を挙げている。すなわち，①経済活動の側面，②法律および政治の側面，③組織行動および理念の側面，である。この3つの側面から分析することによって，企業の経営活動の全体像が鳥瞰図的に浮き彫りにされ，その特徴がより深く把握できるとしている（[10] 2-5ページ)。同氏は，このような3つの側面から近年における雇用管理の多様化を「コース別雇用管理」に焦点を当てて分析し，その本質に迫っている。

渡辺氏によれば，雇用管理の多様化が進んでいる背景には，ME技術革新の導入に伴う職務の質量的変化や産業構造の変化，労働力市場流動化の中での人件費を中心としたコスト削減要求など，企業を取り巻く環境に大規模な変化がある（[10] 21ページ）。また，前述のような職業意識の変化や価値観の多様化，ワーキング・スタイルやライフ・スタイルの多様化，およびそれらを反映して登場した雇用機会均等法や労基法改正，育児休業法などの労働生活関連法の整備改正なども，雇用管理の多様化の背景にある（[10] 22ページ）。

このような環境変化の中で，企業はこれまでの画一的で集団主義的な単線型の雇用管理から，多様化した個人主義的な複線型の雇用管理へと，その雇用戦略を大きく転換しているのである。すなわち，従来の終身雇用・年功序列への残滓を残した画一的単線型の雇用管理ではなくて，多様な人材を多様な意欲や能力に応じて，多様な形態で採用し，多種多様なキャリアコースを設けて，個人別にキメ細かく処遇する雇用管理の展開である（[10] 22ページ）。

ここで，一般的に「雇用管理の多様化」という場合には，その内容としては，①雇用する人材の多様化，②採用形態の多様化，③勤務形態（時間・場所）の多様化，そして，④キャリアコースの多様化，などの意味が内包されている。

以上のように雇用管理の変化は，人材・採用形態・勤務時間・勤務場所・キャリアコースなどの多側面において多様化しているが，この点を管理される側の視点でいえば，多種多様な価値観やライフ・スタイルをもつ多種多様な個々人に適応させた個別管理の展開ともいえる（[10] 23ページ）。

このような雇用管理の多様化は，働く個人の多様なニーズに応えるものであると同時に，雇用管理の個人別能力主義化を推し進める形で展開されていると同氏は指摘する。では，このような雇用管理の多様化が，個人の「自律性」にどのような影響を与えたかについて，同じく渡辺峻氏の論に依拠しながら見ていくことにする。

(2) 渡辺峻氏による4Lの充実と自立した個人

渡辺峻氏によれば，個人別能力主義化を志向する雇用管理の多様化は，職場における個々人の自律的行動を前提とするものであると同時に，個々人の意識レベルでの「自律性」をも拡大させる効果があるとする。

同氏によれば，近年の雇用管理の多様化は「集団主義を前提にした画一的一元的な管理から，『ゆるやかな個人主義』を前提にした多様化・柔軟化した個人別の能力主義的な管理へと席を譲ろうとして（[10] 176ページ）」おり，これは「多種多様な個々人の存在を前提にして展開されているが，同時にそれは，他面において，ますます多種多様な自主的・自立的な個人を『育成』『確保』している（[9] 201-202ページ）」のである。すなわち，企業が「自律した個人」や「自律性の発揮」を前提として打ち出す施策によって，職務遂行上「自律性を発揮せざるを得ない状況」が生み出され，結果として個人は自律化させられていると指摘する。

同氏は，現代社会では，企業労働が社会化するプロセスを通じて，このような「個人の主体性や自律性」を前提とした仕組みが社会全体に広がっている現実を指摘する。その結果，現代社会

は，「個々人が自主的・自立的存在でなければ大規模で複雑な協力・共同の社会的ヒューマン・ネットワークを前提にした生産・流通の総活動は維持することもできない段階に到達しており，その社会的ネットワークが大規模であればあるほど，そしてまた複雑であればあるほど，個々人には一層の自主性と自立性，さらに自覚的な責任が要求される（[9] 203ページ）」とし，現代的な企業経営のあり方自体が個人の自律性を要求している現実について指摘する。

　一方で渡辺氏は，職務のあり方や雇用管理制度が前提としている「自律性」を，職場内の非常に限られた範囲のものとして捉え，真の「自立性」を追求することの重要性を指摘する。すなわち，職場のみで「生き甲斐」や「やり甲斐」といった，いわゆる"自己実現欲求"を追求するのではなく，社会生活人・家庭生活人といった別の側面からも「生き甲斐」や「やり甲斐」を追求する個人のあり方への問いかけである。いわば，企業内で「自律させられた個人」が，「真に自立した個人」に転化することの重要性，およびその可能性に関する指摘である。

　では次に，この可能性について「個の連帯」という視点から見ていくことにする。

⑶ 「個の連帯」がもたらす「自立した個人」

　渡辺氏は次のように述べ，個々の企業レベルで要求・強制される個人の「自律性」が社会全体に敷衍していく中で，個々人が自覚的に連帯し，「社会的な『個の連帯』」が形成されつつある現状について指摘している。

　「企業組織内の狭い集団主義的・経営家族的な人間関係の中に

拘泥することなく，広い社会的なヒューマン・ネットワーク，すなわち広い視野をもった自由な「個の連帯」を媒介することによって，社会生活人・家庭生活人としての「生きがい」や「満足」を得ることになり，また，ますます多数派がそのような生き方を選択していると言えよう。いわゆる，社会的な「所属と愛」の欲求であり，社会的尊厳欲求であり，社会的自己啓発欲求であり，社会的自己実現欲求であろう。([9] 203ページ)」

　企業によって「自律させられた個人」が，社会的なヒューマン・ネットワークに媒介され，その中で社会的な自覚や民主主義意識と結合すれば，今日の日本社会の中に，個々人のトータルな成長・発達を保障する強固な基盤が生まれると渡辺氏は主張する。また，職場といった限られた範囲で"自己実現"を目指す「自律した個人」が，新しいタイプの「自立した個人」に転化する可能性についても次のように指摘する。

　「今日，大企業の展開する雇用管理の多様化戦略は，経営者側の意図に関係なく，むしろその意図に反して，新しい型の『自立した個人』を創出している側面があるとすれば，個人の会社組織への集団主義的な忠誠心はますます薄れていくだろう。会社人間として生きがいを感じて自己を燃焼させるよりも，個々人としての自分の価値観を大事にし，社会生活や家庭生活の中で生きがいを感じるトータルに『自立した個人』であることを多数派が選択するであろう。([9] 204ページ)」

　渡辺氏は，このように主張すると共に，個人が自身の生活を仕事生活のみならず，家庭生活，社会生活，そして「自分生活」をも重視したスタイルに変更し，それらをバランス良く充実させることの重要性を指摘する。同氏の言葉を借りれば「4Lの充実」

であり，これは仕事生活（Working Life），家庭生活（Family Life），社会生活（Social Life），自分生活（Individual Life）といった4つの生活領域の同時的充実であり，まさにトータルに「自立した個人」の姿と言えよう。

渡辺氏は，新しい型の「自立した個人」は，職場で「自律性」を求める経営者の意図に反して生み出される可能性を指摘しつつも，そのような個人が「真に自立した個人」に転化するためには，「自律させられた個人」がバラバラに存在するのではなく，「連帯」してつなぎ合わされ，社会的な自覚や民主主義意識と結合することが必要であるとしている。

では次に，このような「バラバラな個」をつなぎ合わせ，「真に自立した個人」を生み出す契機について，「個の連帯」のための「場」という視点から見ていくことにする。

3．「自立した個人」を生み出す「場」としてのNPO

(1) 個人の帰属する「場」としてのNPO
―新たなコミュニティ―

「男は仕事，女は家庭」といった意識が薄れ，また雇用管理の多様化によって「自律した個人」が職場で生み出されている現在，非営利組織（NPO）の存在が社会的に注目を浴びている。1998年3月の特定非営利活動促進法（通称NPO法）の成立（施行は同年12月）以降，その申請数と認可数は拡大の一途をたどっており，2004年3月末現在，全国で1万6000以上もの団体が活動している（図8-2参照）。このようなNPOの量的拡大は，個人が「職場」や「家庭」のみに帰属するのではなく，「地域社会」や

「趣向を同じくする者同士の集まり」といった「場」に帰属する可能性を拡大させているとも捉えられるであろう。

近年，その数を急速に拡大させている NPO は，特定の目的を有した新しい形の「コミュニティ」と捉えることができる。

日本には昔から，「町内会」や「自治会」といった地域に根差した伝統的なコミュニティが存在していた。このような伝統的なコミュニティが形成されてきた背景には，農作業を前提とした地域による助け合いの精神があった。しかし，「町内会」「自治会」といった伝統的コミュニティは，その地域に住んでいるだけで自動的にその一員とされてしまう。また「町内会長」「自治会長」等，コミュニティ内での役割分担も年ごとの順送りで決められ，

図8-2　特定非営利活動促進法に基づく申請受理数および認証数

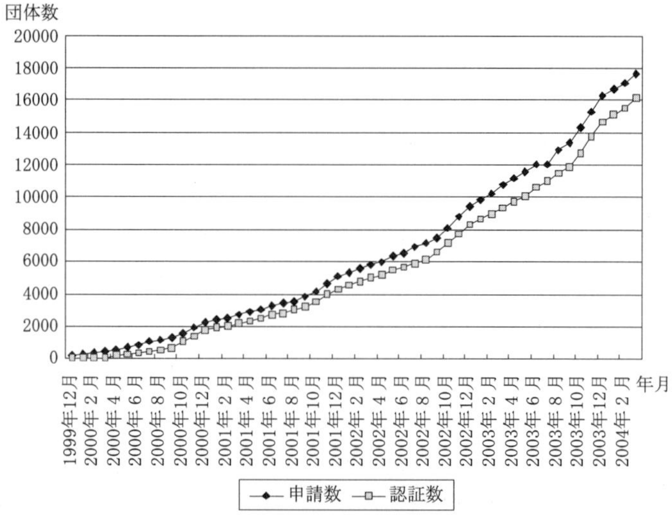

(出所)　内閣府 HP のデータ（2004年3月31日現在）を利用して筆者が作成。

日本的な人間関係の中で拒否することは困難である。そこでの活動は,「生き甲斐」や「やり甲斐」,また主体的・積極的な活動とは程遠く,どちらかと言えば強制的・所与的で受け身的な活動であると思われる。このような伝統的コミュニティは,農業人口の低下や農村地域の過疎化,その一方で進行している都市部への人口集中や核家族化の進行により,その規模や機能が縮小している。

その一方で,近年,その規模や機能を拡大させつつあるNPOは,従来の地縁的・伝統的なコミュニティのあり方とは大きく異なった性格を有している。近年,量的な拡大を続けているNPOは,居住する地域に関係なく,個々人が好みに応じて自分の所属するNPOを選択できる。また,NPOでは自ら主体的に参加を決定し,自発的に活動する事が前提となっている。表8-1は「伝統的コミュニティ」と「現代的なコミュニティ」の有する性格を比較したものである。

表8-1に見るように,NPOは組織や活動のあり方そのものが,受動的なものではなく能動的(自主的・主体的)なものであ

表8-1 伝統的コミュニティと現代的コミュニティの比較

	伝統的コミュニティ	現代的コミュニティ(コモンズ)
所属	所与的	選択的
行動	受動的	能動的(自主的・主体的)
目的・機能	総合機能的	個別目的的
構造	静的・固定的	動的・流動的
社会のあり様	地縁社会	好縁社会
担い手	町内会・自治会	NPO

(出所) 加藤寛監修,ライフデザイン研究所発行『ライフデザイン白書2000-01』国勢社,1999年,44ページに加筆・修正。

り，組織自体が「個人の主体性」「個人の自発性」を前提として成り立っているものである。では次に，このようなNPOに関する諸説を概観することによって，その特徴について見ていくことにする。

(2) NPO の定義に見る「自発性」と「市民的自覚」

NPOとは，Nonprofit Organization または Not-for-profit Organization の略で，一般的に民間非営利組織と呼ばれているが，NPOの組織や活動については，さまざまな捉え方がある。以下では，近年のNPOに関する諸研究を概観することによって，NPOにおける活動の性格やその組織的特徴について見ていくことにする。

サラモンによるNPOの捉え方は，アメリカのジョンズ・ホプキンス大学の非営利セクター国際比較プロジェクトが，世界各国のNPOの比較研究をする際に使用した定義であり，多くのNPO研究の指標にされている。ここではNPOは，① 正式の組織であること (formal organization)，② 民間であること (Nongovernmental)，③ 利益分配をしないこと (nonprofit-distributing)，④ 自己統治的であること (self-governing)，⑤ 自発的であること (voluntary) といった捉え方がされている。

橋本理氏は，「諸個人が主体的に参加し，民主的に組織を運営するシステムを構築する土壌を有している点に非営利組織の固有の存在根拠がある」と述べ，民主的な組織運営の仕組みこそがNPOの特徴であるとしている。同氏はNPOの本質を，① 自発性に基づく参加，② 民主性，③ 市民性，にあるとしている[4]。

藤井敦史氏は，NPOを「社会的使命を持った自発的連携組織」

と位置付け，このようなNPOを把握する新たな手法として「市民事業組織（市民セクター）」という概念を提唱している[5]。

田尾雅夫氏は，NPOを検討するに際して，「非営利組織」という用語よりも「ボランタリー組織」という用語を重視し，「非営利性」ではなく，「ボランタリズム」に力点を置いたNPOの捉え方をしている。その上で，NPOの本質を，ボランタリーに参加している組織メンバーを動機づけるための「ミッション」や「達成すべき使命」に求めている[6]。

田尻雅夫氏は，NPOを「自発的，主体的にさまざまな公益活動を，営利を目的とせずに行う民間の組織」「市民一人一人が，社会について考え，行動を起こす。その思いと行動の一つがボランティアであり，それの行動を具体化し，実現する仕組みがNPOである」と述べ，NPOを捉える際のキーワードを，① 自発的・主体的，② 公益活動，③ 非営利（＝利益を目的としない），④ 民間の組織，としている。

谷本寛治氏は，NPOに必要な3つの要件として，① ボランタリー・アソシエーション（voluntary association）であること，② 社会的使命（social mission）をもっていること，③ 非配分原則（non-distribution principle）をもっていること，を指摘する。その上でNPOを「市民が自発的な意志によってローカル／グローバル・レベルにおける社会的課題の解決に向け自律的・継続的に社会的事業活動を行う非営利の独立した組織[7]」と捉えている。

島田恒氏は，NPOを「民間のものであって経済的余剰を分配せず，ボランタリズムに支えられつつミッションが組織の基軸となっているもの」と捉えている。また，マネジメントという視点

からNPOを分析し，組織の掲げる「ミッション」を基軸にした捉え方をする。すなわち，ミッションを上位概念として，目標，戦略，戦術をフォローさせ，成果を達成しようとする活動にNPOの本質を見出し，「ミッションベイスト・マネジメント」という概念を提唱している。

以上のような諸氏の見解を総合すると，NPOとは，「ミッションを実現するために，（営利を目的とすることなく）組織成員のボランタリーな意思や活動を調整し，統合しつつ，事業を展開する民間の組織」として捉えることができるであろう。

このように，NPOにおける活動の性格やその組織的特徴は，社会的な自覚に基づいた「ミッション」や組織成員の「自発性・ボランタリズム」にあると言えるであろう。「ミッションの達成」を第一義として，自発的・民主的に活動を行っている点にこそNPOの本質が見いだせると思われる。社会的な自覚をもち，主

表8-2　各論者によるNPOの捉え方

論者	NPOの捉え方
サラモン	① 正式の組織であること，② 民間であること，③ 利益分配をしないこと，④ 自己統治的であること，⑤ 自発的であること
橋本　理	① 自発性に基づく参加，② 民主性，③ 市民性
藤井敦史	① 社会的使命を持った自発的連携組織，②「市民事業組織（市民セクター）」という概念
田尾雅夫	① ボランタリズム，② ミッション（達成すべき使命）
田尻佳史	① 自発的・主体的，② 公益活動，③ 非営利（＝利益を目的としない），④ 民間の組織
谷本寛治	① ボランタリー・アソシエーション，② 社会的使命，③ 非分配原則
島田　恒	① 民間，② 経済的余剰を分配しない，③ ボランタリズム，④ ミッション，⑤「ミッションベイスト・マネジメント」という概念

（出所）　筆者により作成。

体的で民主的な運営を通じて，個々人が連帯する組織であると捉えることが出来るであろう。このような側面において，NPOは「真に自立した個人」を生み出す機関として捉えることが出来ると思われる。

では次に，「個の連帯」という視点から社会全体のあり方を捉えることによって，現在の日本社会においてNPOが果たしている役割について考えていくことにする。

(3) 「個の連帯」の場としてのNPO
―「職縁社会」から「好縁社会」へ―

では次に，このような特徴を持ったNPOを「個の連帯」という視点から見ていくことにする。先に見たようにNPOは「ミッション」を共有した個々人による「自発的な活動」を基礎に成り立っている。いわば，「ミッション」によって個々人が統合された「場」であり，新しい形の「個の連帯」のあり方として捉えることが出来るであろう。

個人を統合する「場」および「個の連帯」のあり方は，人間社会には何らかの形で必ず存在しているものである。時代と共に変化してきた「個の連帯」のあり方について，『国民生活白書（平成12年版）』を参考にしながら見ていくことにする。

そもそも人間社会というものは，いつの時代も中心となる「連帯のあり方」があった。社会生活を営む個人は，何らかの形でその時代の「連帯のあり方」に影響され，また影響を与えながら生活していた。個人は，その時代の中心的な「連帯のあり方」によって自身の生活スタイルや他人との交流のあり方が規定されてきたのである。

人類は太古の昔，先祖を同じくすると信じる者が集団を創って暮らす「血縁社会」だった。ここでは，人々は生まれながらにして所属する集団が決められ，自ら所属する集団を選択する余地はなかった。やがて，人類が農業を知ると，同じ地域で土地を耕し水を利用する者が最も重要な仲間になった。農業時代の「村」は，土地や水路を共同で整えただけでなく，祝祭も噂話も，治安，防災，子女教育から孤児孤老の扶養までを共同で行っていた。土地と水利で規定される村落共同体は，生産，投資，消費，治安，防災，情報，教育および福祉の全てを規定する機能を持っていた。まさしく「地縁社会」である。

　ところが，18世紀後半にはじまった産業革命は，すべてを一変させた。大型の機械や施設を利用する製造業や運輸業の発展は，土地に捉われない「勤め人」の大群を生み出した。勤め人は，しばしば職場を変え，住居を移すだけではなく，住居と勤務の場所が異なる場合も多い。そんな勤め人が多数を占める都市では，地域住民の間に共通の利害も共同の作業も芽生えない。このような時代背景の中，地域共同体の機能は急速に薄れ，圧倒的多数の人々が職場の集団に帰属する「職縁社会」が形成されたのである。

　この「職縁社会」の形成にとって重要な役割を果たしたのが，先に見た終身雇用と年功序列賃金体系の定着であった。年功賃金は，若年期には働きよりも低い賃金で我慢する代わりに，中高年期には，働き以上の賃金を得，最終的には，退職金で損得をつぐなうという側面を有した仕組みである。このような側面から見れば，従業員はみな，勤め先の職場に「貸し」を持つことになり，その盛衰に重要な関心を持たざるを得ない。中途退職は「損」で

あり，みな定年までの勤務を望む。そうであれば，誰しも職場での人間関係を良好にし，心地よい勤務がしたくなる。このため，自ら職場優先の倫理観が育ち，職場の縁での繋がりが社会的人間関係となる「職縁社会」が形成されるのである。このような「職縁社会」の形成は，日本経済の高度成長の大きな支えであったと同時に，高度成長なればこそ維持できた仕組みでもある。日本経済が全体として拡大し，企業の従業員がおしなべて増加する状況ならば，終身雇用の維持は容易であり，年功賃金体系は労使双方にとって有利に作用するからである。

しかし現在，「職縁社会」の存立基盤となっていた終身雇用と年功序列賃金体系が崩壊しつつある。自らの存立基盤を失いつつある「職縁社会」は次第に崩壊が始まっているのである。

このような中，新たな「連帯のあり方」として登場しているのが「好縁社会」であると『国民生活白書』では捉えられている[8]。「好縁社会」とは，多様な価値観を持つ個々人が自らの好みによって連携・連帯することが可能となる社会であり，自らの帰属する集団や組織を自由に変更することが出来る社会である。前述のようにNPOは，ミッションに共感する個人が自発的に参加している組織であると共に，そのような個人による民主的な運営によって動いている一種の「場」である。この「場」の中心となっているものが多様な「ミッション」である。現在の日本社会におけるNPOの量的拡大は，多様なNPOが多様なミッションを掲げて活動している現実を物語っており，多様な価値観が尊重される社会の幕開けでもある。また，このNPOは個人の自由な意思によって参加・退出が可能であり，帰属する集団を自らの意思によって自由に変更できるため，従来の「血縁社会」，「地縁社会」，

「職縁社会」のように，個人が固定的に所属しなければならないものではない。このような特徴からも NPO での活動は仕事生活や家庭生活と両立させることも可能なのである。

このような「好縁社会」こそ，まさに渡辺氏の言う「自立した個人」による「個の連帯」を前提とした社会ではないだろうか。その具体的な連帯の「場」を提供するものが NPO ではないだろうか。「好縁社会」では多様な価値観を持った個々人が協力・協働し，その多様性を活かしつつ活躍する社会になるであろう。多様な価値観を掲げて活動する NPO は，多様な個々人のニーズに対応しうる存在であり，このような NPO の成長・発展は多様性を有したコミュニティを築き上げることにつながる。

NPO は「個々バラバラ」ではあるが確実に存在している人々の「社会貢献意欲」や「志」を組織化し，その参加者に自己実現の場を提供できる存在でもある。また NPO は，その活動を通じて人々に市民としての自覚を与え，社会参画意欲や市民意識の向上をもたらす機能も果たしているのである。こういった NPO は，市民社会実現にとって必要不可欠な「自立した個人」を社会に排出しているものと思われる。

NPO セクターの成長・発展によって個人は，職場や家庭に閉じこもるのではなく，自身の価値観に応じてさまざまな「場」に帰属し，活動することが容易になる。このような NPO での活動によって，個々人の意識や行動の側面で市民性が涵養され，よりバランスのとれた，トータルな「自立した個人」が，ますます生み出されることになるものと思われる。

4.「自立した個人」と市民経営学

(1) 個人を変革する機関としてのNPO

　現在,日本社会で急速に成長しているNPOは,職場コミュニティの崩壊によってバラバラにされた個人を連帯させるとともに,彼らの市民性を高めることを通じて「自立した個人」を生み出す「場」として機能するようになるであろう。P.F. ドラッカーも,「非営利組織は,その特定の使命を果たすというだけでなく,個々人の市民性を現実のものとし,有効なものとしてくれる組織になりつつある（[1] 邦訳書224ページ)」と述べ,NPOが個々人の市民性を涵養する「場」となる可能性について言及している。

　また,ドラッカーは次のようにも述べ,NPOの成果を「ミッションの実現」のみで捉えるのではなく,活動を通じて変化・成長する「個人」の中に見出すことの重要性を指摘する。すなわち,「非営利組織は,人間を変革する機関である。したがって,その成果は,つねに人間の変化のなかにある。すなわち成果は,人間の行動,環境,ビジョン,健康,希望,そしてなかんずく人間の能力と資質に現れる（[1] 邦訳書140ページ)」と。渡辺氏の論じるように,現在の日本社会では経営者の意図に反した形で自立化する個人が増加しているであろう。NPOはこのような「自立した個人」をつなぎ合わせる「場」として機能し,諸個人の市民性を涵養することによって,「真に自立した個人」へと変革する可能性を有している。

(2) 企業経営学から市民経営学へ

　企業中心社会であった日本社会。今こそ，市民が中心となる社会への転換が必要ではないだろうか。島田恒氏によれば「欧米では，人々は家庭や地域，教会などの共同体から出て，経済組織としての会社に働きに行っているのに対し，日本では，人々は会社共同体で生活をして，寝る場所である家庭や地域に帰っていくという逆転が見られる（[8] 21ページ）」としている。

　職場生活中心で仕事，仕事に追われる生活を振り返り，自らのライフ・スタイル全体を一段上から眺めることによって，個人は，「職場」「家庭」「地域社会」「NPO」といったさまざまな「場」に帰属する生活が可能なことを発見できるであろう。職縁社会の崩壊や NPO の成長・発展に見るように，「好縁社会」が敷衍するための物的根拠は整備されつつある。個人は仕事生活・家庭生活・地域社会生活といった「場」を，その時々によって自由に選択できるようになってきている。そのためにも自分自身を振り返る時間，すなわち「自分生活」を確保する必要がある。「真に自立した個人」とはそれら4つの生活，すなわち「4L」をバランス良く調整できる人間であり，そのための基盤は揃っているのである。

　今こそ，NPO を市民社会構築のためのツールとして活用し，市民社会の構築のための議論が必要ではないだろうか。すなわち，人間の生活を中心に据えた社会のあり方の検討である。同時に，企業不祥事が続発する現在，新たな視点で企業経営自体を捉え治す必要がある。経営学研究も，企業の経営活動を市民の論理・視点から捉え直し，マネジメントしていく視点を導入する必要があるのではないだろうか。企業中心の「企業経営学」ではな

く，市民中心の「市民経営学」が求められているのである。

注
1) 本章では，「自律」および「自立」の概念は共に「主体的意思決定に基づく行動」を前提にしているが，その自律性・自立性を発揮する「場」の捉え方の面で異なった位置づけをしている。前者の「自律性」は特定の範囲，すなわち職場や家庭，地域社会といった特定の「場」において主体的に意思決定して行動する場合に用いる。後者の「自立性」は自身の関わる活動範囲全体，すなわち職場や家庭，地域社会等，さまざまな「場」における活動を時間的・精神的にバランスさせ，トータルな視点から主体的に意思決定し行動している場合に用いる。
2) 厚生労働省『厚生労働白書（平成13年度版）』ぎょうせい，2001年，参照。
3) 同上書，参照。
4) 橋本 理「非営利組織理論の検討」『経営研究』第48巻第4号，大阪市立大学，1998年，135-157ページ。
5) 藤井敦史「NPO概念の再検討：社会的使命を軸としたNPO把握―市民事業組織の構想―」『組織科学』32巻4号，1999年，24-32ページ。
6) 田尾雅夫『ボランタリー組織の経営管理』有斐閣，1999年，参照。
7) 谷本寛治「企業とNPOのフォア・フロント」奥林康司・稲葉元吉・貫 隆夫編著『NPOと経営学』中央経済社，2002年，36ページ。
8) 経済企画庁編『国民生活白書（平成12年版）』大蔵省印刷局，2000年，Ⅲページ。

参考文献
[1] Drucker, P.F., *Managing The Nonprofit Organization*, Harper Collins Publishers, 1990年．(田惇生・田代正美訳『非営利組織の経営』ダイヤモンド社，1991年．)
[2] 藤原隆信「21世紀の企業経営とNPO」仲田正機・夏目啓二編著『企業経営変革の新世紀』同文舘出版，2002年。
[3] 藤原隆信「企業社会の変容とNPO―都市コミュニティの創造と地域密着型NPO―」木田融男・浪江巌・平澤克彦・守屋貴司編『変容期の企業と社会』八千代出版，2003年。
[4] 奥林康司・稲葉元吉・貫隆夫編著『NPOと経営学』中央経済社，2002年。
[5] Salamon, L.M. & H.K.Anheier, *The Emerging Sector*, The Johns Hopkins University, 1994年．(今田忠監訳『台頭する非営利セクター』ダイヤモンド社，1996年．)
[6] 佐藤慶幸『NPOと市民社会―アソシエーション論の可能性』有斐閣，2002年。
[7] 重本直利『社会経営学序説―社会経営学から市民経営学へ―』晃洋書房，2002年。
[8] 島田 恒『非営利組織研究―その本質と管理―』文眞堂，2003年。

[9] 渡辺　峻『企業組織の労働と管理』中央経済社，1995年。
[10] 渡辺　峻『コース別雇用管理と女性労働』中央経済社，1995年。

[藤原隆信]

第9章

日本的経営の再出発と個人の自立性

―**キーワード**：共同生活性，グローバル・スタンダード，内部
告発，ファンクショナルとメンタルな自立性，
自由，甘え，自由からの逃走，知識労働者，
スコレー，アイデンティティ

1．日本的経営とは何か―その本質と現実

　日本的経営についての論議は昨今下火となっている。今までにも，日本的経営については毀誉褒貶が激しく，「スバラシイ」「ダメ」の評価を何回も経験してきた。1980年代あれほど称賛されてきた日本的経営は，今や時代遅れの象徴であるかのごとく扱われがちである。筆者は1986年の著『日本的経営の再出発』において，いわば日本的経営のブームが支配している状況のなかで，文字通り「再出発」する必要を指摘した。筆者の視点は当時のものと一貫しているにもかかわらず，今や，日本的経営への逆風が吹く環境のなかで，その失ってはならない価値を強調する立場に変わっている。

　この章では，日本的経営の本質を再度確認するなかで，個人の自立性という本書の課題と関わらせて検討し，日本的経営の価値

と，再出発すべき方向を指し示すことにしたい。それは，単に企業経営における人材管理に止まらず，日本国民の生き方そして日本社会の質の形成に関わっているのである。

(1) 日本的経営の本質と成果

日本的経営については，さまざまな特徴が取り上げられてきた。よくいわれる終身雇用・年功序列・企業内労働組合の3点セットは，日本的経営の現象ではあっても本質ではない。企業が，経済機能体であると同時に共同生活体であるところに日本的経営の本質がある。図で見られるように，アメリカ型経営においては，企業という現場は，従業員にとっても組織にとっても経済機能体としてのそれであり，共同生活性の現場は家庭や地域社会にあるのが普通である。それに対して，日本的経営においては，企業そのもの又その周辺（典型的には居酒屋・カラオケ）に共同

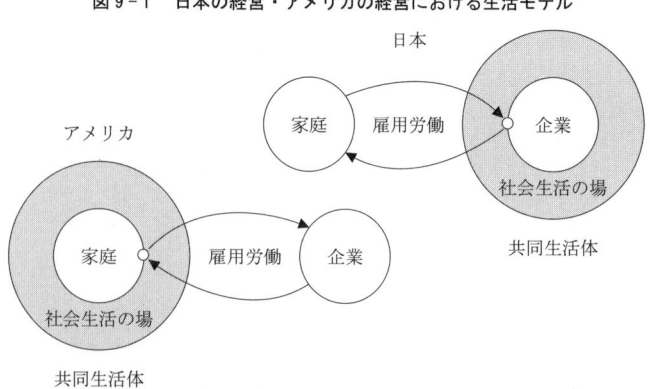

図9-1 日本の経営・アメリカの経営における生活モデル

(出所) 津田真澂『日本的経営の論理』より筆者一部修正。

生活性の現場が存在している。共同生活性をもつということは，合理的でないもの，インフォーマルなものをも含むということである。それは，根回しやコンセンサス経営につながり，従業員の企業に対するロイヤルティにつながっている。企業間では，系列，長期的取引慣行にもあらわれている。

バーナード（Barnard）は，1938年『経営者の役割』を著し，周知のとおり組織が存続していくための2つの条件を提示している。1つは「有効性」であり，その組織が目的とする事業や使命において，消費者や社会に認められる貢献を達成する能力である。もう1つは，従業員を中心とするステークホルダーの満足を意味する「能率」を充足する能力である。従業員を満足させるためには，給与や労働時間などの物的誘因の他，地位，面白さや達成感，更に参加意識や仲間関係，人生における意味づけなどを含むのである。経済的なものに止まらず，必ずしも合理的でないもの，インフォーマルなものを含むのである。企業が経済機能体であることを超えて，日本的経営に見られるような共同生活性をもつことは，バーナードによれば，組織が生身の人間によって構成されている限り必然的であり，そのことによって能率が充足され，有効性が促進されるはずである。

そうであるとすれば，企業が，商法上の支配者である株主の方を向いて利益を最大に追求するというアメリカ型の方が特殊なのであり，人間の絆や幅広い欲求をも大切にしていく日本型の方が普遍的価値をもっているということになる。もっというならば，人間の経済的側面だけでなく，全人格的な生きざまをそっくり受け入れて，会社生活が共同生活性を帯びるということは，組織にとっては「先進」であり，非難されるというよりは評価されるべ

きものをもっているということができる。そして事実，日本的経営は非合理なものまでも尊重することによって，合理的な成果が促進されるというパラドックスを現実のものとしてきたのである。資源に乏しいわが国が，戦後の焼け野原から立ち直り世界第2位の経済大国に成りえた源泉の一角には，このような日本的経営が寄与してきたことは論を待たないところであろう。

(2) 日本的経営の変質

しかしながら，状況は一変してきた。東西冷戦が終結した1990年代から日米の経済実績は逆転し，わが国経済はバブルの崩壊も手伝って，戦後かつてない低迷を続けることになった。日本的経営とは対極的なグローバル・スタンダードなるものは，世界一極支配の実力をもったアメリカのスタンダードであった。経済成長をもって社会発展の代名詞とするかのようなわが国にあって，経済の停滞は「失われた」という形容詞のつく10年となった。そして，経済的にも繁栄を取り戻したアメリカのスタンダードに盲従することが「先進」であり，日本的経営は時代遅れのものという認識が拡がっていくことになったのである。

今やグローバル・スタンダードの名のもとに，「リストラ」という解雇が横行し——本来「リストラ」は文字通り「リストラクチャリング」の略称であって，事業構造を変革することを意味している。「肩たたき」の代名詞ではない——，短期的な株主利益が強調され正当化されている。また，労使関係における圧倒的な経営者優位のなかで，過度な能力主義が横行し，賃下げや過重労働も日常となった。その結果，企業の業績が持ち直すことにもつながった。また，ITを駆使した情報化社会の進展は，

アナログ的人間関係よりもデジタル的効率重視の風潮に流れている。

このような現実の前で，日本的経営の真価であった共同性は破壊されてきた。経営の現実を直視して「わが社」意識は希薄となり，企業に対する秘めたるロイヤルティが失われてきている。昨今，企業の不祥事が多発しているが，その発覚の多くは内部告発によるものである。その正当性は別として，伝統的な日本的経営においては内部告発は考えにくいものであった。「わが社」は共同生活体であり，一種の運命共同体であった。そのような意識からは，たとえウチなるわが社が不正なことをしていても，ソトなる社会に対して内部告発をすることは仲間への裏切りであり認めがたいという実感があった。しかしながら，経営の意思決定において共同性に対する配慮が希薄となり，従業員意識が変化するなかにあって，社会正義という意識で正当化された内部告発が頻発してきたと理解することができるであろう。

もちろん，筆者はいままでの日本的経営をそのまま固守することを主張しているわけではない。日本的経営がブームのときにおいてすら，その「再出発」を主張してきたのである。しかしながら，いまグローバル・スタンダードの名のもとに，日本的経営のもつ真価すらも省みられなくなることに対して危機的認識をもつのである。

企業の目的は決して利潤を最大にすることではないと主張してきたバーナードやドラッカー（Drucker）はアメリカ人である。その哲学・理論・実践は，むしろ日本的経営に近いものがある。かつて，日本的経営を基軸として，わが国の品質とコスト優位性が世界的に確立され，経済成長を可能にした背景には，アメリカ

人デミング (Deming) に習うところが大きかった。「そのような競争優位性はアメリカ人が提唱した。しかしそれを実践したのは，アメリカ人ではなく日本人であった」といわれたものである。いまわれわれは，短期的利潤を追いかけがちなアメリカン・スタンダードに盲従するのではなく，日本的経営の変革を行いつつ，失ってはならない真価を固守し，21世紀の新しいグローバル・スタンダードを構築することに貢献すべきではないであろうか。バーナードの主張，「私は組織のなかでいかに行動すれば有効かを前から知っていたけれども，ずっと後に経済理論と経済的関心――必要欠くべからざるものではあるが――を第二義的地位にしりぞけてはじめて，組織およびそこにおける人間行動というものを理解しはじめたのである。……非経済的な動機，関心および過程が，経済的なそれらとならんで取締役会から末端の一人にいたるまで，その行動において基本的であるという意味である（[1] 序40-41頁)」という言葉はもはや死語になったのであろうか。それを深く掘り下げることが第2・第3節の課題である。

2. 個人の自立性とは何か―その本質と現実

企業における個人の自立性を筆者は2つの側面から捉えたいと考える。1つは，仕事遂行における自立性，すなわちファンクショナルな自立性であり，いま1つは，人間存在における自立性，すなわちメンタルもしくはスピリチュアルな自立性である。仕事現場においても，それを1つの共同性をもつものとして捉え，それによって仕事機能もまた促進されるという立場を取る限

り，企業においても個人の自立性を2つの側面から考えることが必要である。

(1) ファンクショナルな側面における自立性と課題

もともと日本的経営は集団主義といわれ，個性よりも全体の和をもってよしとする傾向が避けられなかった。しかしながら，わが国が経済先進国のトップランナーの一角を占めることになってくると，欧米の個性的発明や発見を導入し改善を加えることによって品質とコストにおける優位を確立するという方式では，グローバル経済のなかで遅れをとることになっていく。ソフト化・ハイテク化の潮流にあっては，個性的で創造的，革新的なあり方が求められるようになる。日本的経営によく見られがちな「顔のない会社人間」――それを筆者は『日本的経営の再出発』(1986年) のための最重要課題として取り上げた――，視野の狭い会社人間では務まらない。組織としても，「出る杭」を奨励する仕方でそのような価値を重視することが必要になってくる。

知識中心といわれるグローバル経済にあって，絶えず学習を続け，創造的なものを生み出すことが企業にある個人の課題であり，処遇を決定するものとなっていく。自らの仕事機能における強みを意識してつくり上げ，それをもって企業の評価を得，自らもそれを最大限活用してもらえる組織を選ぼうとするのである。むしろこのような人間像は，会社人間ではなく，医者や研究者の領域で見られる態度であった。会社人間においてもそれが要請される環境となったのである。

経営学の始祖といわれるテイラー (Taylor) は，科学的管理法と呼ぶことができるのは，「経験から科学へ」「対立から協調

へ」を備えた管理法であり，個人がもてる能力を最高に発揮することが個人にとっても重要であることを述べ，「各従業員の最大繁栄というのは……生来の能力の許すかぎり，最高級の仕事ができるようにし，更に進んでは，できるかぎりそういう仕事を与えてやることを意味する。そしてむしろこの方が高い賃金をとるよりも大切であると考える[1]」としている。

終身雇用や年功序列が重視されなくなる現実のなかで，日本的経営は崩壊したとする説に筆者は与することはできない。日本的経営の本質は，企業という経済機能体においても共同性をもつことにあるのであって，戦後間もなくの社会環境とは大きく異なってきている。現在それらの雇用慣行が後退する事実があるとしても，それが同時に日本的経営の崩壊に直結するものではない。人間存在における共同性については後述するが，機能的側面に限っても，個人の自立と共同は両立するものである。ノーベル賞を獲得した田中耕一氏は，業績は自分のものではあるが同時に会社仲間との協働の成果でもあると語っている。それは，島津製作所の矢嶋英俊社長の信念「仲間意識と一体感，日本的経営の原点を見直そう」（筆者は，田中氏がノーベル賞を獲得する以前の矢嶋発言を注視していた）という経営方針と決して無関係ではないと思われる。

このような意味で，われわれは，共同の土壌のうえに個人としてのファンクショナルな自立を目指すべきなのである。

(2) メンタルな側面における自立性と課題

メンタルな自立という概念は，日本人にとって理解の困難なものの一つかもしれないが，個人の存在の根源に関わるものとし

て，またそれがファンクショナルな自立にも相関するものとして掘り下げる必要がある。それは，人間とは何か，自分の存在とは何かを問う哲学的課題である。

　筆者は，人間が人間であるためのキーワードを「自由」とする。これはドラッカーも採るところであって，西洋的考察また実存主義的考察でもある。ドラッカーは，聖書に導かれて，自由を人間の本質とし，それを「責任ある選択」と定義した。人間は何人も神の前では等しく価値をもつのでありしかも欠けあるものである。だから人間は，何人にも強制されることなく自らの人生を選択し，しかも欠けあるものとして謙虚さを失わないことが必要である。自らが選択を行い，それに対して自らが責任を負うことが自由の中身であり，それこそが人間が人間であるしるしである，としたのである。

　選択は，主体的な意思決定である。牛や馬は主体的な意思決定をすることはない。それは本能に基づいている。主体的な意思決定はその人独自のものである。そこに責任が生ずる。もし，人が主体的な選択を行いながら，その結果に対して責任をとろうとしないのであれば，それは自由に伴う責任を放棄したことになってしまう。

　自由という価値は，世界史を変えてきた大きな動力であった。財産や権力への欲望が世界史を動かす動機になってはきたけれども，自由へのあくなき希求もまた，人間のしるしを守る闘いとして世界史を変えてきたのである。自由は社会の中心的課題である。同時にそれは，人間が真に人間として生きていくための中心的課題でもある。一人一人が独自な存在として，自分と隣人への責任を充実させて生きることが人生の真の豊かさといえるのでは

ないだろうか。世界中でたった一人だけの自分が，たった一回だけの人生を，独自にしかも隣人との連帯をもって生きていくことを選択し責任をもつことが，人間としての本来のしるしであり自由なのである。真の共同性とは，自立した個人が隣人と連帯して生きる世界である。

　自由がそのようなものであるとするならば，それは，自立した「顔のある」個人のあり方を前提とする。今やわが国会社人間のあり方が，自由という，世界に普遍する価値のなかでその変革を迫られているのである。

　先にも書いたように，日本人にとっては自由というものの理解が極めて苦手な国民に見える。土居健郎の名著『甘えの構造』によれば，「甘え」は日本人のメンタルな特質であり，独自の存在として主体性を発揮するよりは，集団に柔らかく保護された一員になりたいという方向性をもっている。自由であることの前提が主体的な意思決定にあるとするならば，「甘え」は自由の確立に関する限りネガティブな感情にならざるを得ない。

　フロム（Fromm）の1941年の著作『自由からの逃走』において，彼は，母子関係，家や社会階級など，生まれつきの人間の絆を第一次的絆とよんだ。そして，自我や個性が成長し，あるいは社会が民主化されることによって，このような第一次的絆から解放されることを「〜からの自由」と呼んだ。このことによって，人間は独立したものとして自由な第一歩を踏み出すのであるが，このことは必ずしも本当の意味での自由を意味する「〜への自由」を保証するものではない。「〜への自由」は，先に述べたように人間のしるしとしての自由であり，責任ある選択をする自由，隣人との連帯によって生きていく自由を含むのである。

「~からの自由」を得た個人は孤立している。孤立したものとして世界に投げ出されている。その意味では不安が生じている。安定を求めている。人間として目指すべき方向である「~への自由」へ進むことによって,真の自由を目指し真の豊かさと安定を目指すことは必ずしも容易なことではない。独自の主体的決断と責任が迫られる。そうなると,折角得られた第一次的絆からの自由は,不安を生ぜしめたという意味でむしろ負担となってくる。そのような環境から脱して,自分を包み込んでくれるようなものに服従しようという強力な誘惑が生じてくる。「~への自由」へ進むことを逃れて,再び集団や環境の中に自分を委ねてしまいたいという誘惑が生じてくる。その状況に屈して独自なあり方を失うことを,フロムは「自由からの逃走」と呼んだのである。

「甘え」が特徴的な日本人の精神構造においては,「~への自由」への苦闘を経て真の自由を獲得していく道筋は特に難しい選択である。第二次世界大戦が終わったとき,いままでの天皇制国家という集団主義から解放されて,自らの行くべき道を問われるなかで,大方の日本人は「~への自由」への道を選ばなかったといえる。「~への自由」という機会を選択することなく(真の自己確立を選択することなく),天皇制国家に代わる拠りどころを

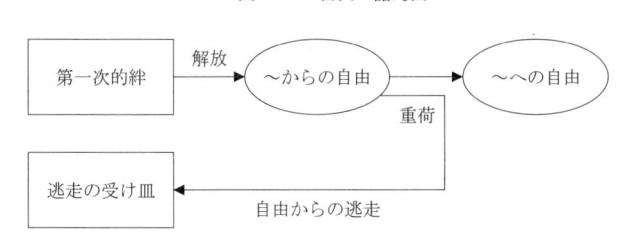

図9-2 自由の諸局面

求めていき，日本的経営が「自由からの逃走」の受け皿となっていったのではないか。会社という集団に身も心も寄せることによって（甘えることによって），自由から逃れ安定を得ようとしたということができるのではないか。そこに日本的経営の限界が存在すると筆者は解釈している。

組織の価値基準，文化や風土に自分の行動基準を合わせ，独自性・自立性を失うことによって集団のなかで安定を得ていこうという意識が働いている。フロムの表現を借りるならば，この「逃走」こそ「現代社会において，大部分の正常な人々のとっている解決方法である。簡単にいえば，個人が自分自身であることをやめるのである。すなわち，彼は文化的な鋳型によって与えられるパーソナリティを，完全に受け入れる（[4] 203ページ）」のである。そして，真の主体性を放棄することから生ずる心の空洞は，「毎日の型のような活動，個人的または社会的な関係においてみいだす確信と賞賛，事業における成功，あらゆる種類の気晴らし，楽しみ，つきあい，遊覧などによっておおい隠される（[4] 150ページ）」のである。まるで日本的経営を目の当たりにしたかのようなフロムの論述ではないか。

われわれは，いまここで「〜への自由」へ回帰することを目指したい。ファンクショナルな側面でも，メンタルな側面でも，そこに回帰することが個人の自立性に他ならない。そのことによって，自らの人生を豊かにするばかりではなく，会社が求める創造性や革新性を発揮してその成果に貢献することになるのである。

3．個人を自立させるための日本的経営の再出発

　個人にとって，真の自立は自由と重なり合うものであり，それは単独者としての個人のあり方に依存している。その自覚がなければ個人の自立は成立しない。

　しかしながら，そのような個人のあり方を妨げてきたきらいのある日本的経営のあり方を変革し，個人の意識に働きかけ，その自立を促すような経営が有効であることは論を待たない。個人の自立は，本人の人生を豊かなものにするばかりでなく，上述したように，組織への貢献を拡大する不可欠な人材の養成に資するものである。

(1) ファンクショナルな側面に対する行動プログラム

　ファンクショナルな側面からいえば，先ず，一人一人の独創的で前向きの仕事を評価し，学習の機会を提供することである。昨今，社会人大学院が活況を呈するようになってきた。学習は学校を卒業すれば終わりなのではなく，いつも，変化の激しい現実を理解し，新しい理論や事例を体系的に学ぼうとする人材の知識が企業にとって最大の資源となってきた。そのような知識労働者の意欲を獲得し，その生産性を上げることはこれからの企業の重要な課題ということができる。そのためには，経済的処遇に偏するのではなくて，そのような個人にとって大きな誘因というべき，学習の機会と能力発揮の機会を提供することが重要である。機会についての情報の提供や，そのための企業としてのサポートを制度として充実することである。そして，能力に応じてそれを発揮

できる仕事機会を備え，本人のキャリアを充実させるとともに，その成果の還元を求めるのである。制度としては年功序列型の賃金体系や昇進を廃止し，貢献に応じた適度な能力主義に移行することになる。管理職キャリアのみならず，専門的職能キャリアを重視し，光った強みのある人材を処遇することになる。失敗を避けてそつなく振る舞う旧来型の優等生会社人間ではなく，自らチャレンジをしていく人材を重視することになるであろう。

そのような自立したしかも知識を備えた人材を養成することは，本人がよりよい機会を求めて転職することにつながり，企業としてはいささかためらうところがあるかもしれない。転職が日常的といえるアメリカですら，例えば GE は人材研修に注力しており，レベルの高い研修に参加できること自体が本人にとって名誉であり動機づけとなっているのである。そのように，ある種の緊張感をもって人事制度を構築し，知識労働者を喜んで貢献させるという努力のなかに，日本的経営の再出発の意味があるということができる。

先に挙げた田中耕一氏の事例では，彼は転職することはなかった。恐らく転職すれば，遙かに有利な経済的条件が用意されると予測できるにもかかわらずである。田中氏は語る。「日本企業の技術開発の特徴は，チームワークによる積み上げ方式にあると思う。異分野の技術者が集まり，互いに教え合い，刺激し合って技術の融合を図る[2]」と。個人が自立的で独創的でありながら，共同性豊かな組織風土でその実りを拡大することは，決して両立できないことではなく，むしろ促進要因であるということができる。日本的経営はそのような可能性を真価として保持している。

(2) メンタルな側面に対する行動プログラム

メンタルな側面についてみれば，個人を旧来の日本的経営にみられたような会社への囲い込みから解放し，異質な経験をもつ機会を推奨し，自由で視野の広い人材育成に努めるべきである。「顔のある個人」の基盤創りである。

前述したように，個人の自立にとっても，日本的経営の再出発にとっても，先ず個人の意識や行動の自己変革が基本である。しかし，わが国では大きな変革はすべて上から与えられたという経験しかもっていない。企業のあり方や行動・制度の確立によって個人へのインパクトにも期待せざるをえない。

積極的プログラムとしては，例えば35才・45才・55才の節目10年毎に「人生再設計セミナー」を開設し，受講を義務づけることが考えられる。自分の人生を根本的に見直す機会を提供する必要がある。それは次のような問いになるであろう。

①人生で一番大切なことは何か
②それにふさわしく生きてきたか
③自分の特徴や強みは何か
④これからの人生の夢と現実的目標は何か
⑤そのための具体的行動は何か

これらの問いに対して参加者自ら考え計画化するのである。本人に対する会社の評価・期待も率直に話合うことによって，ミスマッチを避け，本人にも会社にも，人生の深いところに裏付けられた充実したキャリアの選択幅が拡がることにもなる。

日本的経営において，個人にとって，会社こそ人生，「余暇」はせいぜい余った暇であった。仕事が主，残りの時間（余暇）は従であり，自分の人生にとってかけがえのない時間という積極的な

側面を見出すことはできなかった。ギリシャ語では逆である。日本語の「余暇」に当たるスコレー（スクールにつながり，人生を考え人格を磨く場所や時間）が人生の中心であり，仕事を意味する言葉はアスコレー（アは否定語。従ってスコレーでない時間）となっている。日本人は一般に，個人として人生を深く考え，自分らしいあり方をする「顔」に欠けてきた。自立にはさまざまな価値観や人間関係に接することも有効である。会社に囲い込まれ，会社のみに単属するのではなく，自分の時間を確保し，会社を離れた環境——例えば，社会人大学院やNPOなど——に複属することによって自らの視野が開け創造的になる可能性が拡大してくるのである。それは，ファンクショナルな自立とメンタルな自立を同時的に確立する機会となるはずである。

　企業自身の次元に敷衍するならば，その企業ならではのユニークな経営が期待される。「他社がやるから自社もやる」ではなく，「他社がやるから自社はやらない」という姿勢に転換することが，創造的な企業文化をつくり出すことにつながるであろう。企業にもアイデンティティ，いわば「顔」が要る時代になってきている。

(3) 新しい経営モデルへの展望

　個人サイド，企業サイドにわたる行動プログラムが相乗的に働いて，個人と企業の自立性を同時的に強化することになる。日本的経営が，組織の必然としての共同生活性をもち，しかも自立に裏付けられた普遍性を備えるならば，その活力が倍加されるばかりか，資本主義の新しいモデルとして貢献できるものになる筈である。自立性と共同生活性との両立は可能である。得意とする適

応能力を活かし，このようなモデルを実証的に提出することが，日本的経営の強みを活かした真のグローバルな貢献である。いたずらに欧米に迎合するのではなく，日本的経営を再出発させ，新しいモデルを構築することによって，わが国自身と世界の地平を切り開く機会を発見することができるのである。

注
1) Taylor, F.W., *Principles of Scientific Management*, Harper and Row, 1911. (上野陽一訳『科学的管理法』産能大学出版部，1969年，227ページ。)
2) 『日本経済新聞』2004年3月18日。

参考文献
[1] Barnard, C.I., *The Functions of the Executive*, Harvard University Press, 1938. (山本安次郎・田杉 競・飯野春樹訳『経営者の役割』ダイヤモンド社，1968年。)
[2] Drucker, P.F., *The Future of Industrial Man*, John Day, 1942. (岩根忠訳『産業にたずさわる人の未来』東洋経済新報社，1964年，田代義範訳『産業人の未来』未来社，1965年，上田惇生訳『産業人の未来』ダイヤモンド社，1998年。)
[3] 土居健郎『「甘え」の構造』弘文堂，1971年。
[4] Fromm, E., *Escape from Freedom*, 1941. (日高六郎訳『自由からの逃走』東京創元社，1951年。)
[5] 島田 恒『日本的経営の再出発』同友館，1986年。
[6] 島田 恒『フリーダミズムの時代』同友館，1995年。
[7] 島田 恒『非営利組織研究』文眞堂，2003年。
[8] 津田眞徵『現代経営と共同生活体』同文舘，1981年。

［島田　恒］

第10章

現代日本の大学生に見る職業観
―企業と個人の関係認識―

> **キーワード**：フリーター，出身階層，学歴，学校（文化）へのコミットメント，能力開発，移動障壁，若年層の晩婚化，企業内教育訓練

1．若年層非正規雇用をめぐる概観

　若年層の雇用問題として，「フリーター」がいわれるようになってから相当の年月が経過している。社会におけるその話題性だけが先行するのではなく，今や実務的にも学究的にも，それも様々な角度から議論の俎上に乗せられるようになった。フリーター自身を主体的な存在と見なす場合には，彼らがどこまで自発的に，最終的にどのような職業生活を設計しようとしているのか，といったことが問題にされる。労働問題の伝統的な問題意識のひとつである自発的／非自発的失業を踏まえたアプローチの仕方だといえるだろう。フリーターというタームすら存在しなかった時代には，非正規雇用といえば，若者が大志を実現するに至るまでの雌伏期，いわば浪人生活として実践され，また社会的にもそう見なされていたものである。しかし周知のように近年では論

者によっては若者の主体性の存在そのものを疑問視する立場や，或いは存在を否定しないまでも，彼らが何を志せばよいかを模索するための積極的なモラトリアムの時期として位置づける考え方などもコンセンサスを得てきている。

　また逆に彼ら（の職業観）を被説明関数として捉える立場もトピックにこと欠かない。長期にわたる景気の停滞，経済活動のグローバル化，初等中等教育における変化などといったマクロな諸要因を遠景にしながら，生まれ育った家庭環境（親の学歴，収入，社会階層など），交友関係，本人の学歴などとフリーター志向との相関を検証した社会学的なデータが，多くの研究者によって蓄積されてきた。更に若年から中高年へと職業生活を進めていく上で並行する結婚生活や職務上の技能形成などのほか，保険・年金といった老後まで含めたファクターとの関わりも見逃せない。若年層をとりまくこうした外的要因の方にも目を向けざるを得なくなってきているのである。何故なら，就業者の大多数にとって，企業への貢献とのタイム・ラグがあったとはいえ，給与面でもポスト面でも最終的には帳尻が合うように機能してきた日本的な雇用システムが，今や多くの側面において機能しなくなってきているからである。すると，必然的に彼らの親の経済生活を通じて（またはダイレクトに）彼らの職業観にも影響が及ぶことになるであろう。

　政策的あるいは制度的な観点からは国際比較（例えば，三谷[8]）の手法が採られる。早くから非正規雇用の労働力を政策決定の所与の前提としてきた北欧などの諸外国と比較して，本邦において今後法的にいかなる整備が望ましいかを明らかにしようとする試みであるともいえる。すなわち，そうした「フリーター先

進国」において，出身階層，学歴のような就業前の条件から，就業後の職業訓練やキャリア形成，福利厚生などに至るまでを，正規雇用者との対比を基に描き出そうとするものである。フリーター後進国たる日本との相違が明らかになれば，現行の法制度が彼らに与えている影響も予測されることになる。

　本章では若年層における非正規雇用形態に関する上述の議論をサーヴェイすることによって，若年層の職業観とそれをとりまく要因とがどのように変化してきたのかを概観する。その上で，大学生の職業観について若干のデータに基づく考察を試みる。この考察の意義があるとすれば，それは次のようにいえるであろう。統計的には30歳代前半までをフリーターとしてカウントしてきたこれまでの現状に対して，今後はそれ以上の年齢層においても増加することが予見されている。そして高校生ないしは高卒者を前提とするケースが少なくなかった過去の諸研究に対して，最近ではそれ以上の学歴を持つ層についても調査対象を広げる研究が現れてきていることに関わっての，ささやかな検証でもある。

2．出身階層・交友関係に関する説明

　若年者の親の階層について論ずる場合，そこで主に問題にされるのは親の所得水準，学歴のほか，親自身の職種と雇用形態（＝女性配偶者のパート労働などを含める）である。これらを出発点として，親子にとって経済的に選択可能な人生設計というハードな側面が考察されるばかりでなく，若年層自身にどのような職業観が成立しやすいか，またその親には自分たちの子供に対してどのような期待が生じやすいのかというソフト面をも探っていくこ

とにもなる。

　まずハード面から見ていこう。わが国の場合，これまで長きにわたって企業間規模格差に基づく給与格差は他の先進諸国に比べて歴然としていたから，親の職種，職位と所得水準との相関関係はほぼ一致していたと見てよい。このことが子供ひとり当たりに投入可能な教育費にとってのネックとなることは容易に想像できる。にも関わらずごく最近まで親に関するファクターが深刻な要因にならずに済んできた背景も少なくなかった。ひとつには高度経済成長が終焉を迎えてしまった後も，先述したように長期雇用慣行を前提に被雇用者にとって給与とポストの間尺が合っていたことがある。そしてもうひとつには，大学の大衆化に見受けられる教育費の必要最低限度額の高騰，更には子供をとりまく社会的な条件の悪化（＝核家族化による母親への育児負担の増加，治安の悪化，学校の荒廃）によって少子化が進行し，平均する限り一世帯あたりの金銭的な育児コストが比較的低い水準に抑えられてきたことも挙げられる。

　しかし，こうした背景は今では厳しく変化してしまっている。依然として少子化傾向には歯止めがかからないものの，雇用側のいわゆるリストラの進行に伴い，親の所得は元より，その雇用さえもが保証されなくなっている。また，教育費についても，難関大学，大企業を目指すには中高一貫の私立高校を経由する方が，（質はともかく数の上では）全国的に有利であることは誰の眼にも明らかである。そしてそうした学校に入学するためには義務教育以上の追加コストが殆ど必要不可欠なことも否み難い事実である。ここ数年，都道府県によっては公立高校の復権を掲げ，学区制の完全撤廃などの各種改革路線（例；一部の都立高校や京都市

の堀川高校（探究科）など）を打ち出し，結果として若年層にとっての難関大学への低コスト・アクセシビリティにつながっているケースも見られるが，未だ事例は多いとはいい難いであろう。加えて景気の停滞が続くとはいえ，一億総中流階級化と称されたように高度経済成長期以前と比べれば一家が食べていくにもこと欠くほどの貧困層は少数化したから，子が親の学歴や職位，所得水準を上回らなければならないという圧力も働きにくくなっている。つまり親のみならず，若年層自身のハード面にも向上意欲が働きにくくなるのである。ことの良し悪しはともかくとして，「パラサイト・シングル」の温床が増大している。所得や学歴における階級間格差が例え存在していても（悪くすると開き続けていたとしても），問題視されずに済まされてしまう土壌があるといっても過言ではない。識者によっては中高年の雇用は若年層の雇用とは異なって既得権益化し，その中高年に経済的にぶら下がっているのが子供の世代（つまり若年層）だという指摘もある（玄田 [3]）。

またこうしたハード面の現状がソフト面にどのような影響を与えうるかについても見ておかねばならない。家庭における職業観の形成要因として，親自身の雇用形態が挙げられる。少なくとも片親がパートや派遣社員などの非正規雇用に従事していると，子供の方も正規雇用を相対視し，非正規雇用に対する心理的抵抗が減少するという見解がなされている。同様にして，例え正規雇用であっても，職位や給与の面で高位とはいえない親の下に生まれ育てば，そうした雇用実態への違和感にも乏しくなることが予想される。昔のように貧しい親を見て育った者が強い上昇志向を抱いて職業生活に入るのとは異なった気質が育まれるというのである。

とはいえ，こうした職業観形成プロセスが階層や所得水準とは無関係に決まるのであれば，問題はない。問題は先に述べたように親における格差の拡大がそのまま若年層の階級間意識格差にまでつながっているのではないかという危惧である。若年層が本人たちの自由意思で職業や雇用形態を選択するのならば未だしも，それ以前に選択にとってのメタな価値観さえもが，親側の諸要因あるいは本人の性別などによって無意識に淘汰選別されているとしたら，フリーターも特定の階層ないしはグループから出やすくなるという社会的な不公正性を孕むことになる。

階層やグループなどを特定する別の要因を挙げるとすれば，ひとつには（学校生活における）交友関係がある。従来ならば若年層にとって，規律訓練の場である学校とそこでの交友関係とは，物理的な接触頻度から見ても，社会的・心理的な帰属感の対象としても，殆ど一体であった。加えて高卒者の労働市場が今ほど逼迫していなかった時代であったから，学校に一体化することと就職できることとのリンクは明確に認識できた。彼らを送り出す学校側にしても就職させる責務が当然のこととして自他ともに期待されていたのである。

ではこの構図は現在ではどのように変容しているのであろうか。端的にいえば交友関係の意義が相対的に高まった，ということになる。就職について誰を主たる相談相手とするか，に関する調査結果において友人・知人は高い率を占める。だが学校（ないし教諭）については，高卒者労働市場の縮小が慢性的になれば，若年層は学校へコミットする積極的理由を見出せなくなる。規律正しく勉強しておれば地位と収入は保障されるのだ，という予定調和説はもはや説得力を持ち得ない。彼ら自身の近い将来もそう

なら，その親たちの身の上に生じる人員削減もそうである。いずれも学校文化への一体化を減じる作用をもたらすであろう。左遷ないし解雇された自分の親が真面目に働いているようにしか見えなかったとしたらなお更である。彼らを指導する学校としても，最近の多様性や個性尊重などの風潮の下で，生徒の逸脱的言動を抑制するスタンスから，自由を許容するスタンスへと変化してきている。生徒の進路保証も絶対的責務でなくなってきているといわれている。つまり学校と交友関係においては，職業観を形成したり，進路を決定したりする際の有力な要因が，正規雇用志向ではなく，非正規雇用志向になっているといえるのである。

3．早期職業経験と法制度に関する説明

次に学校卒業後のプロセスについて確認してみよう。1．でも述べたように，最近の若年非正規雇用従事者たるフリーターは，その地位に留まる動機として，自身の職業的適性の模索を主たる内容のひとつに挙げている。とすれば，長期的には適性の内容も明らかになるであろうし，離転職コストが低い雇用形態ゆえに種々の職業経験も蓄積されるという，肯定的な結果が予想できそうなものである。実際，そうした意図を抱いてフリーターを始める者も少なくはない。

しかし現行の雇用慣行ではそれは実現困難なことである。というのも雇用側が彼らに用意する職位なり職種なりの多くが，専門性に乏しい低技能・低賃金の仕事に限定されているからである。これでは職業能力開発の機会とはならない。意図としては様々な職務経験を積みたいと希望しても，現実には特定内容しか得られ

ない構造になっているのである。また，そうした現状を作り出している法制度についても課題が多く残されているように思われる。欧米などと比較すると賃金など短期的な処遇に関する制度もさることながら，長期的な能力開発の面でも違いが見られる。非正規雇用従事者向けの職業教育・訓練制度がどこまで整備されているかという問題である。わが国のように高卒・大卒新卒一括採用が多数を占め，中途採用が主流たりえない歴史をたどってきた社会の場合，教育と就業とを往復するようなキャリア経路が未だ根付いていないということも，そうした制度の遅れを示す一端といえるであろう。

また従来からいわれてきた日本企業社会における移動障壁の問題もある。建前としても離転職はネガティヴに見られがちであったが，今日でもこれが完全に消滅したかというと疑問である。この種の障壁といえば，これまで問題にされたのは大企業と中小企業，あるいは学歴差，年齢差に基づく移動の自由度についての非対称性であった。大企業において，しかも高学歴でなければ移動は困難になるという，「移動の非対称性」がいわれてきた以上，非正規雇用から正規雇用への移動障壁とて困難であることが予想される。

このような状況の中で，若年層における学卒未就業者あるいは自発的離転職者の増加はどのように説明されうるのであろうか。太田［1］は，好況期とは逆に不況期には労働需要の減少に加えて，彼らが望んだ通りの職種に就くことは難しく，それ故に不満足就業が増える，と分析している。つまり，不況期は賃金さえもらえればいいというような，「経済人」的な働き方とはならず，労働需要が低いままなのに離職率は高水準のまま，という結論に

なる。彼らの雇用観は安定的な低賃金よりも,下手に正規雇用されて納得のいかない仕事を続けさせられるリスクの回避の方を優先しているといえそうである。もしくは,正規雇用においてより大きくなる責任を回避しているというべきかも知れない。ここにもまた,フリーター化の圧力が働いてしまっているのである。

更に学校在学中ないしは学校卒業直後の職業経験それ自体にもフリーター増加要因が含まれているという指摘もある。正規雇用でまかなわれていた職種が人件費抑制のために非正規に代替されることが増えつつあるが,それは職業能力にも経験にも乏しい若年層向けの仕事である。つまり職業人生の入口の段階で低賃金かつ低技能の仕事内容を経験してしまうと,そうした仕事内容への心理的抵抗感が薄められて妥協的になってしまうのではないかと危惧する声もあるのである。この「フリーターに対する親和性」というべき感覚と,出身階層の項で述べたような親兄弟親戚における非正規雇用就業者の存在とが相まって,非正規雇用形態への許容度が一層大きくなってしまうことも考えられるのである。

4．中高年期以降の生活に関する説明

若年層の独立志向と結婚は,わが国において従来フリーター(しかも長期的目標を持たないままのフリーター)という層が社会的にまとまった数に達しなかった有力要因だといえよう。一世帯あたりの子供の数が平均的にみて多かった時代には,子供一人あたりに投入できるコストが限られる。まずこのことが親からの経済的な早期独立を促すことになる。しかも彼らを待ち受ける雇用形態の選択肢には,現在ほどの大量の非正規雇用は存在して

いなかった。長期雇用を前提とし得ていた企業側が長時間をかけて彼らに教育訓練を施す余裕があったためである。必要とあらば即刻解雇して何時でも組織を縮小できる態勢でいなければ，などという心配はなかった。また企業側にしてみれば単に財務的な面だけでなく，人員の面でも新規採用されてきた若年層を教育する上司なり先輩なりを確保できたのである。

現在ではこのような図式は相当崩れてしまっている。別項でも触れたように子供の数が減れば，子供一人あたりに投入できる養育費・教育費を増やせるばかりか，子供はより長期間にわたって親の許にいても親にとっての深刻な経済的負担にはなりにくくなる。子離れできない親の問題や，社会人として要求される対人関係能力を築けないまま成人してしまう若年層の問題が取り沙汰されることが多くなったが，そういった精神的問題を抱えていないケースであっても親許に留まり続ける可能性は容易に想像できるであろう。若年層の結婚と関わって考えれば，親からの経済的独立が遅れることは，彼ら若年層の晩婚化が進んでいることとの因果関係を厳密に検証する必要があるにせよ，後者が前者を促進している側面とて小さくはないであろう。

雇用する側の図式の変化も大きい。慢性的な組織のスリム化圧力がある以上，長期にわたる正規雇用の対象者は，幹部候補のように企業にとって将来コアとなる人材に限定されがちである。業態によっては支店長のような，かつてならば非正規雇用就業者の起用など考えられなかったポストまでもが，若年の非正規雇用就業者を充てているケースも珍しくなくなってきた。無論，そうした人事制度においては業績如何で正規採用あるいはキャリア・アップ，給与増につながるように動機づけられ，設定されてはい

るのだが，雇用側にしてみれば雇用の柔軟性を高めていることも間違いない。また若年層だけでなく，組織内の中高年層までもがスリム化すれば，組織全体でのトータルな業務量が変わらない限り，上司あるいは先輩が若手に対して教育訓練を手厚くしてやれるだけの時間も労力も割けなくなっていく。既に職業経験と法制度の項で，法体系などのマクロな要因によってフリーター稼業では職業能力も経験も身につきにくいことが示されていたが，本項で今みたように，各企業内部における，しかも法に直結しないミクロな次元においても，彼らのスキル・アップが阻まれ易い条件が生じてきているのである。ここに離転職率の高さが加わると，企業側としては教育訓練コストに見合った効果が出ないことを恐れて，今まで以上にコストを削減することになる。そしてそれは若年層の能力構築にとっての悪循環を招いてしまう。

　晩婚化・非婚化に目を向けると，やはりこちらも非正規雇用増大要因として機能してしまっていることが分かる。扶養家族（特に労働力たり得ない子供）を持てば，長期的に安定した収入が不可欠になり，このことが正規雇用へのドライヴィング・フォースとなる。例え短期的に子供がいなくとも，専業主婦の比率が高い時代には扶養家族ゼロとはならなかったのである。現在なぜ晩婚化・非婚化が進んでいるのかの要因そのものについては，ここでは立ち入って議論は出来ないが，ひとつには国全体の経済成長における不確実性の高まりは，企業だけでなく個人にも不安を投げかけていることはいえよう。すなわち，これまでの世代においては次世代の担い手である自分たちの子供が，自分たちよりも経済的に豊かになれるであろうという，かなり明確な期待を持ち得た。それが今では，よくても頭打ち，悪くすれば次の世代の方が

経済的に悪化するという観測が大勢を占めるようになってきているのだから，子供を持つことにも自ずと消極的にならざるを得ないという側面が挙げられよう。このようにして経済的独立をめぐる条件にせよ，結婚をめぐる条件にせよ，経済的に正規雇用されて社会的にも「一人前」と認められることについて，若年層自身が強く希求するかどうかはともかくとして，その必要性が薄れてしまうことになるのである。

5．大学生にみる事例：非正規雇用をめぐる職業意識

　上記の論点を踏まえながら，ここで大学生に関する職業意識調査を見てみることにする。質問項目には日本労働研究機構［7］と榊原［5］で用いられた内容に若干の独自項目を付け加えている。対象者は2003年秋時点における関西の大規模私立大学の1回生（経済・経営・商学部系／全87名）である。本来ならば複数の大学を調査して調査規模の拡大を図り，学部・回生についても自然科学系や人文科学系など多岐にわたるべきなのであるが，試論の段階としてご容赦を願いたい。

　まず親の所得・学歴との正規雇用志向との関係であるが，父親の所得だけで測ると相関係数は－0.19であり，両親の所得で測るとほとんどゼロ近くになる。学歴の方は－0.08とこちらも有意な関係は見出せない。友人・知人におけるフリーターの人数と正社員志向の関係にしても0.11である。正社員志向について，「そう思う」，「とてもそう思う」の合計回答が59％に上っていることから，そもそも大学に入学できてしまった彼らについては，少なくとも入学直後は正社員になることを諦めたり，考えていなかった

りする者は少ないのではないかという予想も成り立つ。記述による自由回答を見ても、収入の安定や、正規と非正規とにおける世間の評価格差を気にした記述が目立っている。調査時点でのアルバイト未経験者が42%に達することを考え合わせても、既存の高校生（しかも大学進学をあまり想定しないケース）中心の調査結果に比べると、アルバイト経験が希薄な分だけ、正社員として働くことに対する幻滅がまだ生じずに済んでいるといったらいい過ぎであろうか。早期のアルバイト経験はフリーター化の促進要因として機能する危惧の声もある一方で、働くことの現実を早期に知らしめるメリットもあるという指摘が思い起こされる。

　また逆に学校文化にどこまでコミットしているかの問題で見ると、「勤労に関する美徳は誰が教えるべきか」、の問いに対して31%が小中高のいずれかの学校を挙げていることからも、学校のもつ精神面での拘束力は完全になくなった訳ではなさそうである。ただし実際にそういった美徳を説かれた経験があるかとの問いとなると、肯定率は先ほどの問いとほとんど変わらないものの、その説いた相手は「親」、と多くが答えているからより一層の吟味を要するであろう。

　一方、就職後の問題についてみると例えば結婚・出産育児に関しては、正社員志向との関係で見た場合、結婚願望との関係が－0.14、近い将来の結婚を想定するが－0.06であったから、こちらは何ともいえない。しかし、子供を持ちたい、或いは近い将来持つであろうということになると、それぞれ、0.20、0.19まではねあがる。専門技能志向と正社員志向とにおける数値0.18をも上回っている。つまり配偶者には働いてもらうことも出来ようが、子持ちとなると正社員であらざるをえない、という堅実な思考は

健在だということになる。

　以上の限られたデータから見受けられる内容から考えると次のようになろう。親の所得水準やその学歴といった従来この種の研究で重視されてきたファクターが,少なくとも今回の調査対象である大学生にはそれほど強くは効いてはいなかった。高校卒業後,専門学校進学ないしは就職を考えている層に比べると,非正規就業（アルバイト）未経験者も少なくなく,実際に容易に就けるかどうかはともかくとして正規雇用を当然視する者が多いのではなかろうか。よくいえば堅実であり,悪くいえば雇用されて働くことの現実を知らない,文字通りのモラトリアムの最中にある層ということになる。そんな実体験も想像力も十分とはいえない彼らの職業観でも,結婚して子供を持つことが経済的に著しく負担になること,ひいては安定した地位と収入が必要なことだけは理解しているのではないだろうか,と考えられるのである。

参考文献
［1］　太田聰一「若者の失業は本当に『贅沢失業』か？」『日本労働研究雑誌』, No. 489, 2001年。
［2］　金井壽宏「個人と組織の短期的適応と長期的適応」企業行動研究グループ編『日本企業の適応力』日本経済新聞社, 1995年。
［3］　玄田有史『仕事のなかの曖昧な不安－揺れる若年の現在』中央公論新社, 2001年。
［4］　小杉礼子「増加する若年費正規雇用者の実態とその問題点」『日本労働研究雑誌』, No.490, 2001年。
［5］　榊原清則「大学卒業生の就職と会社への初期適応過程」『日本労働研究雑誌』No.479, 2000年。
［6］　日本労働研究機構「調査研究報告書No.104-集団帰属意識の変化と職業生活」, 1998年。
［7］　日本労働研究機構「高校生のなかに広がるフリーター予備軍」, 2000年。
［8］　三谷直紀「若年労働市場の構造変化と雇用政策」『日本労働研究雑誌』, No.490, 2001年。
［9］　山田昌弘「豊かな親が若者の失業問題を隠蔽している」『日本労働研究雑誌』,

No.489, 2001年。
[10] 矢島正見・耳塚寛明編『変わる若者と職業生活』学文社, 第6, 7, 8章, 2001年。
[11] 労働省・労働統計調査局『平成12年版・労働白書』, 2000年。

[玉井信吾]

III
現代企業と個人の自律性―展望

第11章

囲い込み症候群からの解放

―**キーワード**：囲い込み，組織人，仕事人（しごとじん），能力主義，成果主―
　　　　　　義，マイペース型個人主義，インフラ型組織，
　　　　　　適応

1．日本的経営と囲い込み

(1) 日本的経営と個人の自律性

　企業の生産性と個人の自律性は必ずしもはじめから調和しているわけではなく，それをいかに調和もしくは両立させるかは，経営学における大きな研究テーマの一つである。両者の関係はまた，経営のスタイルや制度，あるいは組織・社会の風土の違いによって異なった様相を呈する。

　本章では，主として日本企業，とりわけ典型的な大企業を念頭におきながら，企業の組織とマネジメントが個人の自律性にどのような作用を及ぼすか，そしてそこにどのような問題が存在するかを考える。そのうえで，21世紀における組織と個人の望ましい関係について展望したい。

(2) 組織人を育てる仕組み

企業に所属して働く以上，人は組織の規則や上司の命令に従って働かなければならないのが普通である。したがって組織に参加した段階で個人は，組織の一員としての人格，すなわちバーナード（Barnard）[1]のいう「組織人格」を獲得することになり，個人としての自律性は少なからず制約される。

さらに，組織の一員として組織の論理に適応することによって，組織に一体化した「組織人」，俗にいう「会社人間」ができあがる。ホワイト（Whyte）が『組織のなかの人間』[6]で描写しているように，組織人はわが国に特有の存在ではないが，日本の企業社会ではとくに典型的な組織人が生まれやすい。その理由について考えてみよう。

日本的経営の制度的な特徴といえば，終身雇用（長期雇用）や年功序列制，企業別労働組合，それに広範な福利厚生制度などがあげられる。これらの制度はいずれも，個人を組織の内部に囲い込む機能を果たしている。

まず，企業が定年もしくは定年近くまで雇用を保障する制度（慣行）が残っているため，中途で従業員を採用する必要が小さい。このことは，個人の立場からすると，一度退職すると再就職が難しいことを意味する。

また，勤続年数に応じて昇進・昇給する年功序列制のもとでは，勤続年数が短いうちは企業への貢献度より低い報酬しか受け取らないかわりに，勤続が長くなると貢献度を上回る報酬を受け取る。そのため，中途で退職すると経済的に不利になる。

さらに，企業別労働組合のもとでは，従業員と企業は運命共同体的な関係になりやすいし，寮・社宅，住宅ローン融資，企業年金などの福利厚生制度は従業員本人のみならず家族の生活も含め

て企業に依存する関係をつくる。

　よりいっそう直接的な制度もある。日本企業の多くは，従業員の兼業や副業を禁止または制限している。禁止・制限する理由としては「業務に専念してもらいたいから」が77.8パーセントと圧倒的である[2]。

　個人を囲い込む仕組みは，このような直接の制度にとどまらない。昇進，昇給，賞与，配属など個人の処遇を大きく左右する人事の評価制度には，間接的に個人を囲い込む効果がある。たとえば，人事考課のなかでも仕事に取り組む姿勢，勤勉性，積極性などいわゆる情意面の評価は，従業員が態度や行動の面で，あるいは心理的に組織に一体化しているかどうかに注目する。しかも能力や成果の面も含めて評価基準があいまいで，評価者の主観や裁量が入る余地が残されているため，個人が受ける心理的圧力はそれだけ強くなる。いわゆる疑心暗鬼が生じやすいのである。

　態度や行動を重視する背景には，日本企業では個人の仕事の分担や責任が明確でないことがある。個人のアウトプット，すなわち仕事の成果が正確に捕捉できないので，意欲・態度や行動といった仕事へのインプットで評価せざるをえないのである。

　なお，囲い込みは企業によるマネジメントの視点から一方的に行われたわけではなく，働く人々の要求に応えるものでもあったことは見逃せない。とくに所得水準が低く，社会的なインフラも整備されていない段階では，企業の庇護による仕事の保障と生活の安定は労働者にとって大きな魅力であった。すなわち，囲い込みによる自律性の制約よりも，生理的欲求や安全・安定の欲求といった，低次の欲求[3]を充足することが大きな関心事だったわけである。

(3) 組織人の行動原理

このようなシステムによって育てられた典型的な組織人は，組織や仕事に対してつぎのような関わり方をすることになる。

年功序列制のもとでは，年功という大きな枠のなかで従業員の競争や選別が行われ，長期的な競争をとおして徐々に組織の階層を昇っていく。そして，ピラミッド型組織のなかでは，高い地位に就くほど有形無形の報酬も大きくなる構造になっているため，組織のなかでの昇進が組織人の大きな目標になる。

ところが，昇進を左右する評価制度は，前述したようにあいまい性を含んでおり，個人の能力や成果だけでなく，態度・意欲や行動も重視される。そして，それを評価するのが上司や管理者である。そのため個人としては，上司や管理者の目を意識し，評価されるための態度や行動をとらなければならない。

それがときには，市場，顧客や社会のニーズに応え責任を果たすことよりも，組織のなかで評価されることを優先する内向きの姿勢となって表れる。世間をにぎわした食品会社における食肉偽装事件や，自動車会社におけるクレーム隠しなど各種の不祥事も，このような組織人の姿勢と無関係ではない。

さらに個人としては，上司や管理者に高く評価してもらうため，勤勉さや忠誠を装わなければならない。ファサード（みせかけ）と呼ばれる行動である。たとえば，必要がないにもかかわらず遅くまで残業をしたり，不要な仕事をつくったりするような行動は，組織の病理現象といえる。

ホワイトカラーを中心に当たり前のように行われているサービス残業や，有給休暇の低い取得率（2002年は48パーセント）も，組織人の置かれているこのような立場を反映しているという見方

もできよう。

2．「能力主義」「成果主義」と労働者

(1) 閉ざされた能力主義・成果主義

　近年，多くの日本企業が，従来の年功制にかえて「能力主義」や「成果主義」を導入している。ただ，能力主義にしても成果主義にしても確立された定義があるわけではなく，さまざまなタイプが存在する。日本企業で急速に広がっている能力主義，成果主義には一つの共通する特徴が見られるため，ここではその特徴を備えた日本企業の能力主義，成果主義を括弧書きにした。

　その特徴とは，個人の能力の市場価値や成果の客観的な価値を本人に還元するというよりも，能力や成果を組織の論理にしたがって評価し，従業員の選別と序列づけをすることに主眼が置かれている点である。このような能力主義，成果主義を太田肇［5］は，「閉ざされた能力主義・成果主義」と呼んでいる。

　多くの場合，前述したように評価基準があいまいなうえ，給与原資は予め決められており，ポストの数も限られているため，従業員の評価は必然的に相対評価になる。しかも，企業は大幅な収益向上が見込めず，リストラで役職ポストの削減が進む今日，こうした「ゼロ・サム」型の競争はいっそう厳しさを増している。

　その結果，特別に大きな成果をあげた者も，ある程度の成果をあげた者も同じ最高ランクに入れられ処遇に差がつかないとか，自分がいくらがんばって成果をあげても，ライバルがそれ以上の成果をあげれば評価と報酬に結びつかないといった不満も出てくる。また競争が激しくなれば，ノルマや目標が限りなく引き上げ

(2) 二重の圧力

もともとわが国では、欧米と違って外部の労働市場が十分に形成されていないため、競争に敗れた者や辞めたくなった者が、社外に別の働き場所を見つけることが難しい。そのため、岩田龍子[2]が圧力釜にたとえるように、個人にとって組織の圧力を受けやすい構造になっている。さらにそこへ、「閉ざされた能力主義・成果主義」が導入されると、個人が受ける圧力はいっそう大きくなる。

それだけではない。大半の企業が、いっぽうでは能力主義や成果主義を強化しながら、他方では伝統的な価値観である「和の精神」や「態度・意欲の重視」を捨てようとはしていない。また最近では、経営者や管理職の間で「成果だけではなくプロセスも大事だ」という声が大きくなってきた。

その結果、従業員は忠誠心や意欲をアピールしたり、チームワークや集団の和に気を遣ったりしながら、同時に個人としての成果をあげることが求められるようになる。このように異なる方向からの圧力が加わると、個人の自律性はそれだけ制約され、葛藤やストレスを経験することも多くなる。

3. 労働者像の変化

(1) 欲求の高次化

このような日本企業のマネジメントが、いま曲がり角にさしかかっている。その一つの要因が労働者像の変化であり、これまで

のような企業による囲い込みに対して抵抗を感じる人が増えてきている。

　まず，個人の欲求の高次化があげられる。前述したように，衣食住や基本的な生活基盤に関わる生理的欲求や安全・安定の欲求が充足されていない段階では，企業の囲い込みは個人にとってメリットが大きかった。しかし，生活水準が向上し，住宅や公共施設などのインフラが整備され，社会保障も整ってくると，囲い込みのメリットよりもデメリットの方が大きくなる。とくに，囲い込みはさまざまな形で個人の自律性を制約する。欲求の高次化に伴って，囲い込みは「恩恵」から「負担」へと転化してきたのである。

(2) マイペース型個人主義の広がり

　それと関連して，個人の価値観や行動様式の変化があげられる。山口生史・七井誠一郎の研究によると，ホワイトカラーの間で，職務を通じて自己実現を図ったり，自分が興味をもつことを自由にやりながら自己啓発したりすることへの志向が強まっており，日本人の労働志向は集団主義から個人主義へと急速に変化している[4]。

　とくに注目すべき点は，個人主義のなかでも自分のペースで働き，生活することを重視する傾向が強くなっていることである。太田肇［5］は，このような個人主義を「マイペース型個人主義」と呼び，他人との競争に勝つことや優位に立つことを重視する「競争型個人主義」と区別している。

　図11－1は，生命保険文化センターが16～69歳の男女を対象に行った調査の結果である。図から明らかなように，1985年と96年

208　Ⅲ　現代企業と個人の自律性―展望

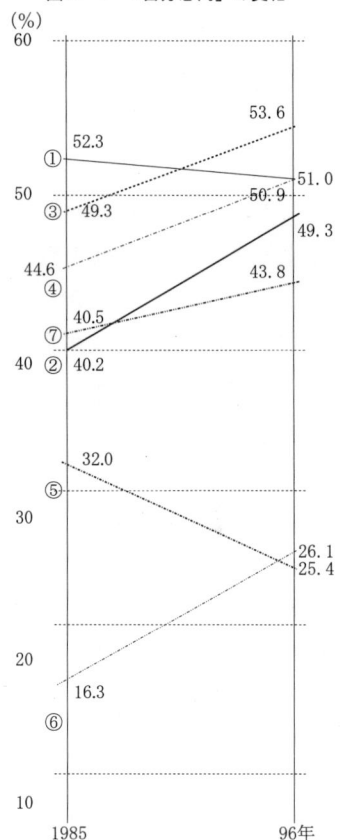

図11-1　「自分志向」の変化

(%)

①　52.3　　　　　　　53.6
③　49.3　　　　　　　51.0
　　　　　　　　　　　50.9
④　44.6　　　　　　　49.3
⑦　40.5　　　　　　　43.8
②　40.2

⑤　32.0
　　　　　　　　　　　26.1
　　　　　　　　　　　25.4

⑥　16.3

1985　　　　　　　　96年

(注)　①「たとえ他の人にどう思われようと，自分のセンスで物を選びたい」
　　　②「何かをするときは，これまでの慣習にとらわれずに決めたい」
　　　③「趣味や遊びに熱中しているときが一番幸せだ」
　　　④「多くの人から理解されなくても，気の合った仲間さえわかってくれればよい」
　　　⑤「多くの人から孤立してでも自分の正しいと思う考えを主張したい」
　　　⑥「たとえ他人に迷惑をかけるようなことがあっても，権利は権利として主張していきたい」
　　　⑦「自分の能力を生かすためには転職や転業も考えたい」
(資料)　生命保険文化センター『日本人の生活価値観―第4回・日本人の生活価値観調査―』1997年をもとに作成。

を比較すると,「慣習にとらわれずに決めたい」とか,「権利は権利として主張したい」といった,「自分志向」を表す項目では値が高くなっている。

そして,マイペース型個人主義を貫こうとすると,仕事と私生活をいかに両立するかが課題になってくる。NHK放送文化研究所が5年ごとに行っている調査によると,日本人のなかで「仕事志向」派が大きく減少したのに対し,「余暇志向」と「仕事・余暇両立」派はほぼ一貫して増え続けている[5]。

このようにマイペース型個人主義は,囲い込みによる拘束と相容れないことは明らかであり,それが広がるにつれて囲い込みに抵抗を覚える人も増えてくると予想される。

(3) 組織人から仕事人へ

組織や仕事に対する関わり方も変化している。組織に対して一体化し,組織から得られる有形無形の報酬によって主要な欲求を充足する「組織人」とは対照的に,所属組織よりも自分の専門とする仕事に対して一体化し,仕事をとおして自分の目的を達成するとともに主要な欲求を充足する人は「仕事人(しごとじん)」と呼ばれる[3]。

図11-2は,組織人と仕事人の組織・仕事に対する関わり方の違いを表したものである。組織人が組織に一体化しているのに対し,仕事人の組織に対する関わり方は手段的,限定的である。すなわち,組織の一員として必要な範囲でしかコミットしていないのである。そのため仕事人にとって,組織による囲い込みはメリットが少ないばかりか,専門の仕事をするうえでも,組織の枠を超えてキャリアを形成するうえでも障害になることがある。

図11-2　組織人モデルと仕事人モデル

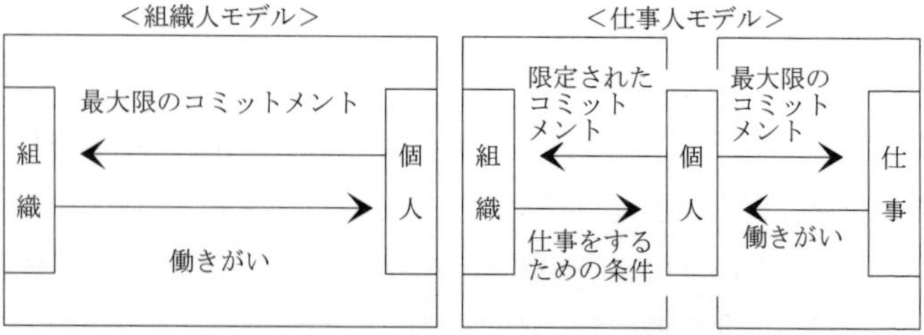

<組織人モデル>　　　　　　　　　<仕事人モデル>

組織 ←最大限のコミットメント→ 個人　　組織 ←限定されたコミットメント→ 個人 ←最大限のコミットメント→ 仕事
　　　　　働きがい　　　　　　　　　　　仕事をするための条件　　　　　　働きがい

　大企業のホワイトカラーを対象にした調査の結果では，研究職・情報処理技術者といった技術系の専門職だけでなく，事務系でも財務・経理，営業・マーケティングといった比較的専門性の高い職種では，組織人よりもむしろ仕事人に近い特徴が多く見られる[6]。総務省の「労働力調査」で職業別雇用者数の推移を見ると，専門的・技術的職業従事者の増加が実数・比率ともに最も著しい。事務，販売，サービスなどに分類される職種のなかでも専門化に伴って仕事人が増加していることを考え合わせると，働く人々のなかで仕事人が大きな比率を占めるようになってきていることがうかがえる。

(4) 女性の職場進出

　もう一つは，女性の職場進出である。周知のように，いわゆる男女雇用機会均等法の施行を契機として，女性の職場進出が進み，女性が結婚・出産後も男性と同等に働くことが当たり前になった。

　ところが，各種の意識調査をみると，女性の価値観や目標には男性とはかなり異なる傾向が表れている。たとえば，日本労働研

究機構(現労働政策研究・研修機構)が行った調査によると,「昇進などで同期に後れをとりたくないと思っている」者は男性に比べて少なく,逆に「勤務地を希望地方に限定できれば昇進・昇格にこだわらない」,「スタッフとして専門的知識を生かすポストに就きたい」と答えた者は男性より多い[7]。また生命保険文化センターの調査では,「仕事のためには,家庭生活が犠牲になることもやむをえない」という考え方を肯定する者の比率が女性は男性に比べて低い[8]。

このような女性の意識は,前述したマイペース型個人主義や仕事人の意識と共通するところがある。女性が仕事や昇進に対して男性ほど執着していないのは,職場での男女差別や家庭での性別役割分業を反映しているという可能性はあるが,別の見方をすれば,女性が男性中心社会の価値観を全面的には受け入れていないからだという解釈もできる。

さらに,男女の共働きが普通になり,家事や育児も男女で分担するようになれば,従業員に対して会社への全面的なコミットメントを求めたり,長時間の残業,遠隔地への転勤などを命じたりすることが難しくなる。

4. 囲い込みの限界

(1) 仕事と経営環境の変化

企業経営の立場からも,これまでのように従業員を組織のなかに囲い込むことが合理的ではなくなってきた。それは仕事の内容,ならびに企業を取り巻く環境が変化してきたからである。

ものづくり,とりわけ少品種大量生産の時代には,均質な製品

を安価に作ることが重要な目標だった。ホワイトカラーの職場でも，定型的な仕事，あるいは既存の知識や情報を用いて効率的に業務を処理することが重視された。

ところが，IT（情報通信技術）をはじめとする技術革新によって，生産現場はもちろんホワイトカラーの職場においても単純な仕事，定型的な仕事が減り，また経済のサービス化，ソフト化に伴って，人間には創造的・革新的な能力が求められるようになった。

その結果，企業としては，均質な人材を大量に抱え込むことよりも，専門的能力や個性の豊かな人材を必要なときに活用できることが重要になってきた。また，創造的・革新的な仕事をするうえでは，新しい刺激や情報に触れたり異質な環境に接したりすることが必要であり，その意味でも個人を囲い込むのは得策でない。

(2) 重くなる企業の負担

さらに，製造業をはじめ多くの業種では，技術革新に伴う省力化や，工場の海外移転，景気の低迷などによって雇用に余剰が生じるようになった。しかも経営環境の変化が激しく先行きが不透明な今日，人材を囲い込んで長期雇用することは企業にとってリスクが大きい。

このように，囲い込みに要するさまざまなコストが大きくなり，それがもたらす利益を上回ると判断した企業のなかには，従業員を囲い込む従来の人的資源管理を転換し，囲い込みを辞めるところや，一部の基幹的人材だけを囲い込むところが目立つようになってきた。

終身雇用制や年功序列制の見直し，福利厚生の削減，それに正社員からパートタイマー，アルバイト，派遣，業務委託など非正社員への切り替えはその表れである。また，社員の生活を保障できなくなり副業を容認する企業も増えてきた。

5．集団の自律から個人の自律へ

(1) 自律性のトレード・オフ

これまで述べてきたように，日本企業は，経営の視点からも，また個人の尊重，とりわけ個人の自律性を尊重するためにも，従来の囲い込み型の組織・マネジメントから脱却することが必要になる。それではまず，「個人の自律」を促進するための課題は何かについて触れておきたい。

自律性を考えるうえで注意しなければならないのは，組織や集団の自律性と，個人の自律性とは必ずしも一致しないということである。労働時間一つを取りあげても，業務の繁閑に応じて労働時間を柔軟に変更できる制度が採用されることによって，組織の自律性は大きくなったが，個人の自律性は必ずしも大きくならないばかりか，むしろ小さくなる場合もある。それは，企業の業務の繁閑と個人の生活における都合とが一致するとは限らないからである。

また日本企業では，チームによる作業，それにQCサークルをはじめとする小集団活動など，集団単位の自律性は比較的大きかった。しかし，それがときには仲間同士の過度な気遣いや心理的圧力（ピア・プレッシャー）となって個人の自律性を阻害するケースも少なくない。たとえば「有給休暇が取りづらい」，「みん

ながいつまでも残っているので自分も帰りにくい」といった声はあちこちの職場で聞かれる。

このように，組織や集団の自律性と個人の自律性は必ずしも一致しないばかりか，場合によってはトレード・オフ（二律背反）の関係になる。したがって，QWL（労働生活の質）の向上を図るうえではもちろん，従業員のモラール向上，それに企業の環境適応や業務処理の迅速化のために分権化を進める際にも，それが組織，集団，個人のどのレベルで自律性を高めるか見極めることが大切である。

(2) 「個人の自律」の条件

つぎに，個人の自律性を高めるために必要な条件を掲げておきたい。

第1は，仕事上の裁量である。一般に，決められたとおりの方法やペースで行わなければならない仕事に比べて，自分の判断と自分のペースで行える仕事の方が疎外感や単調感は少なく，能力の向上や人間的な成長の面でも望ましいと考えられている。

第2は，仕事の内容や配属先が選択できることである。自分に適した仕事，好きな仕事をするためには，仕事の内容や配属先をある程度自由に選べることが必要である。近年，職種別採用，自己申告制，FA（フリー・エージェント）制度などを導入する企業が増えているが，これらは個人による選択機会を広げるものとして評価できる。さらに，転職や独立を含めて，キャリアの自己決定ができることも，これからますます重視されるようになるであろう。

第3は，私生活との両立がしやすいことである。前述したよう

に，マイペース型個人主義の広がりや女性の職場進出などに伴って，仕事と私生活との両立はますます重要になってきている。

両立のためには，なんといっても労働時間が最も大きなポイントになる。具体的には，所定内労働時間が短いことに加えて，所定外労働時間が長くないこと，有給休暇が取得しやすいこと，それに残業を含めて労働時間を自分でコントロールできることが望ましい。

もう一つのポイントは，働く場所である。自宅など会社の外で働くことのできる在宅勤務制や裁量労働制度，それに勤務地を選ぶことのできる地域限定社員制度などは，今後さらにニーズが高まるのではなかろうか。

6. 変わる組織の役割

(1) 有機的組織の二面性

個人の自律性は，組織の形態によっても影響を受ける。

伝統的な組織の類型として広く知られているのは，バーンズとストーカー（Burns and Stalker）[1]による「機械的組織」と「有機的組織」である。機械的組織は権限がトップに集中していて，ルールが厳格であり，命令と服従の関係によって仕事が遂行される。いっぽう有機的組織は，権限が組織全体に分散していて，ルールよりも水平方向のコミュニケーションによって仕事が遂行される。

一般に，有機的組織は機械的組織に比べて柔軟であり，自律性を発揮しやすいと考えられている。しかし，前述したように組織や集団の自律性と個人の自律性はしばしば対立するということを

忘れてはならない。そして、どちらの自律性が発揮されるかは、両者の力関係によるところが大きい。

日本の企業組織は、有機的組織としての特徴を備えているといわれてきた[9]。たしかに日本の企業組織は柔軟で組織や集団の自律性は高いが、いっぽうでは前述したように個人を囲い込み、行動のみならず内面的にも拘束する傾向がある。とくに、組織よりも仕事や私生活を重視する人々にとって、組織への一体化とコミットメントを前提にした組織は大きな負担になることがある[10]。

(2) インフラとしての組織

このように有機的組織は、それがおかれた状況と運用しだいでは個人の自律を妨げる可能性があることを考えると、第3節で紹介したような新たに台頭してきた労働者に対しては、機械的組織、有機的組織といった伝統的な組織にかわる新しいタイプの組織が必要になる。

それは第1に、個人を内部に囲い込まず、市場をはじめ外部の環境に対して開かれていなければならない。第2に、仕事に必要な以上に個人を管理・拘束しないことが求められる。そして第3に、仕事に必要な支援体制が整っていることである。

要するに、組織が個人にとって一種のインフラストラクチャー（基盤）としての役割を果たすわけであり、このようなタイプの組織は「インフラ型組織」と呼ばれる[11]。図11-3は、伝統的組織と比較したインフラ型組織のイメージ図である。機械的組織や有機的組織のような伝統的組織では組織が主体となって環境に適応するのに対し、インフラ型組織では個人が主体となって環境に

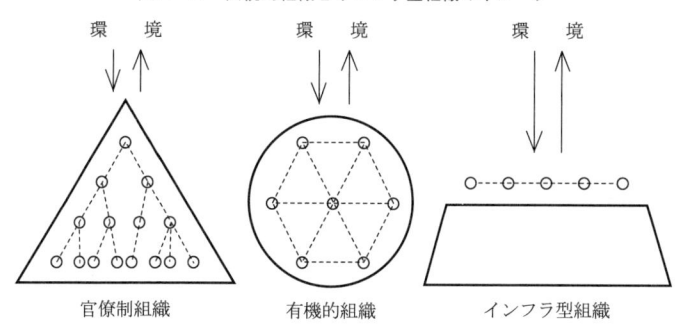

第11章　囲い込み症候群からの解放　217

図11-3　伝統的組織とインフラ型組織のイメージ

官僚制組織　　　　有機的組織　　　　インフラ型組織

（注）○は個人，太い実線は組織，細い実線は相互作用，点線はメンバーのコミュニケーションを表す

適応するところに特徴がある。

　その典型は，法律事務所や会計事務所，病院，大学，シンクタンク，コンサルタント会社などプロフェッショナルが中心になって活動する組織であるが，一般企業のなかでも大企業の研究所や設計部門，情報処理部門，それに一部の営業部門などはインフラ型に近い。

7．新しい日本型モデルの可能性

　本章では，従来の日本的経営が個人を組織のなかに囲い込んできたこと，そして近年多くの企業が導入した「能力主義」，「成果主義」も組織の論理にもとづくものであり，個人の自律性をいっそう強く束縛する可能性があることを指摘した。

　それでは欧米型，とりわけアメリカ型のモデルがベストかというと必ずしもそうではない。日本企業の組織が有機的組織に近いのに対して，アメリカ企業の組織は機械的組織に近い[12]。した

がって意思決定はトップダウンが主流であり，個人の職務の範囲も厳格に決められている。それは，組織の基本的な枠組みが少品種大量生産の時代に構築され，科学的管理法をはじめとする当時のマネジメントの思想を受け継いでいるためだと考えられる。

いっぽう日本の組織は，個人の職務の範囲，権限や責任が必ずしも明確ではなく，意思決定においても稟議性に代表されるようなボトムアップの方法が取り入れられてきた。さらに職場レベルでは，たとえ年齢が若く高い地位に就いていなくても，能力と意欲を備えた者には重要な仕事を任せたり，異動に際してもできる限り本人の意向を尊重したりする風土が存在した。すなわち，個人の潜在的な能力や自発性を引き出すような仕組みが備わっていたのである。

技術革新や産業構造，それに労働者像も大きく変化するなかで，市場や顧客，社会への適応がいっそう重視されるようになってきている［5］。日本企業のなかに残る「あいまいさ」は，非効率でしかも個人を束縛する側面があると同時に，適応力に優れ，運用しだいでは個人の自律性を広げることもできる両刃の剣といえる。職人や自営業が比較的最近まで存在感を示してきたように，自律的な個人が活躍できる社会的な土壌も残っている。そのなかに，組織の論理よりも仕事の論理を優先する新しい日本型モデル構築のカギが隠されているかもしれない。

注

1) C. I. Barnard, *The Functions of the Executive*, Harvard University Press, 1938. 山本安次郎・田杉競・飯野春樹訳『新訳 経営者の役割』ダイヤモンド社，1968年。
2) 日本労働研究機構『マルチプルジョブホルダーの就業実態と労働法制上の課題』1995年。

第11章　囲い込み症候群からの解放　219

3) A. H. Maslow, *Motivation and Personality*, Harper & Row, 1954. 小口忠彦監訳『人間性の心理学』産業能率大学，1971年。
4) 山口生史・七井誠一郎「日本人の労働志向の変化と新しい経営システムの創造」『組織科学』第30巻第4号，1997年6月，72-86ページ。
5) NHK放送文化研究所「日本人の意識調査」。なお2003年の調査では，「余暇志向」が25年ぶりに減少した。
6) 太田　肇『日本企業と個人』白桃書房，1994年。
7) 日本労働研究機構『構造調整下の人事処遇制度と職業意識に関する調査報告書』1998年。
8) 生命保険文化センター『1996 日本人の生活価値観』1997年。
9) 加護野忠男・野中郁次郎・榊原清則・奥村昭博『日米企業の経営比較』日本経済新聞社，1983年，34-35ページ，などを参照。
10) 太田　肇「有機的組織と官僚制組織：どちらが人間的か」組織学会編『組織科学』白桃書房，第29巻第3号，1996年1月，15-24ページ。
11) 太田　肇『仕事人と組織』有斐閣，1999年。
12) 加護野忠男ほか，前掲書，34-35ページ。

参考文献

[1] T. Burns and G. M. Stalker, *The Management of Innovation*, Tavistock Publications, 1961.
[2] 岩田龍子『日本の経営組織』講談社現代新書，1985年。
[3] 太田　肇『仕事人の時代』新潮社，1997年（『求む，仕事人！　さよなら，組織人』日経ビジネス人文庫，2003年）。
[4] 太田　肇『囲い込み症候群』ちくま新書，2001年。
[5] 太田　肇『選別主義を超えて』中公新書，2003年。
[6] W. H. Whyte, Jr., *The Organization Man*, Simon and Schuster, 1956.（岡部慶三・藤永保訳『組織のなかの人間　上』創元新社，1959年）。（辻村明・佐田一彦訳『組織のなかの人間　下』創元社，1959年。）

　　　　　　　　　　　　　　　　　　　　　　　　　　　　　　　［太田　肇］

執筆者紹介

(執筆順)

第1章	片岡 信之（かた おか しん し）	（桃山学院大学経営学部教授）
第2章	阿辻 茂夫（あ つじ しげ お）	（関西大学総合情報学部教授）
第3章	重本 直利（しげ もと なお とし）	（龍谷大学経営学部教授）
第4章	前田 東岐（まえ だ と き）	（小樽商科大学商学部助教授）
第5章	伊藤 健市（い とう けん いち）	（関西大学商学部教授）
第6章	森田 雅也（もり た まさ や）	（関西大学社会学部教授）
第7章	守屋 貴司（もり や たか し）	（奈良産業大学経営学部教授）
第8章	藤原 隆信（ふじ わら たか のぶ）	（京都経済短期大学助教授）
第9章	島田 恒（しま だ ひさし）	（京都文教大学人間学部教授）
第10章	玉井 信吾（たま い しん ご）	（立命館大学経営学部非常勤講師）
第11章	太田 肇（おお た はじめ）	（同志社大学政策学部教授）

編著者紹介

片岡信之
(かたおかしんし)

1939年　岡山県に生まれる
　　　　京都大学大学院経済学研究科博士課程修了　京都大学博士（経済学）
現　在　桃山学院大学経営学部教授／龍谷大学名誉教授
主　著　『日本経営学史序説』文眞堂，1990年
　　　　『現代企業の所有と支配』白桃書房，1992年
共編著　『アジア日系企業における異文化コミュニケーション』文眞堂，1997年（共編著）
　　　　『はじめて学ぶ人のための経営学』文眞堂，2000年（共著）
　　　　『経営・商学系大学院生のための論文作成ガイドブック』文眞堂，2004年（共編著）

現代企業社会における個人の自律性
―組織と個人の共利共生に向けて―

2004年10月10日　第1版第1刷発行　　　　　　　　　検印省略

編著者　片　岡　信　之
発行者　前　野　眞　太　郎
　　　　東京都新宿区早稲田鶴巻町533
発行所　株式会社　文　眞　堂
　　　　電　話　03 (3202) 8480
　　　　Ｆ Ａ Ｘ　03 (3203) 2638
　　　　http://www.bunshin-do.co.jp
　　　　郵便番号 (162-0041)　振替00120-2-96437

印刷・モリモト印刷株式会社／製本・有限会社イマヰ製本所

©2004

定価はカバー裏に表示してあります
ISBN4-8309-4493-5　C3034